세무사들이 들려주는

상속 증여
절세 비책

세무사들이 들려주는

상속 증여 절세 비책

성민석 · 소충수 · 지한봄 · 김은경 · 박혜민 · 진덕수 공저

좋은땅

상속, 증여세 납부
이제 더 이상 남의 이야기가 아닙니다

상속세는 과도한 세율, 이중과세의 논란에도 불구하고 부의 재분배와 미래 세대의 공정한 기회의 제공이라는 취지를 전제로 하고 있기에 대한민국 전 국민이 아닌 소수의 부자들에게만 국한되어 부과되는 세금으로 인식하는 경우가 많다.

하지만 2022년까지 오랜 기간 지속된 저금리로 인하여 부동산, 주식, 더불어 가상 자산까지 대부분의 자산 가격의 상승으로 많은 이들의 보유 재산 또한 상승하는 시기를 맞게 되었다. 2022년 현재 서울 주택매매의 평균 거래 가격이 8억 원이 되었다. 상속세 기본공제가 5억 원임을 감안하면 이제는 서울 인구 절반 이상이 상속세 대상이며 아울러 자산의 가격은 계속 우상향할 것이니 법 개정이 되어 공제금액을 상향하기 전까지는 그 대상이 점점 늘어날 수밖에 없을 것이다.

아직도 상속세가 여러분의 인생과 전혀 상관이 없을 것이라고 생각하는가? 아니다. 상속세 그리고 증여세는 이제 더 이상 남의 이야기가 아닐 것이다.

그런데 여러분은 재산의 이전에 대해서 얼마나 준비가 되어 있는가? 당신의 재산을 한번 점검해 보길 바란다. 그리고 부모의 재산도 점검해 보길 바란다. 물론 우리나라에서는 자녀가 먼저 상속을 준비한다는 것을 이야기하는 것이 참 어려운 것이 현실이다. 부모의 생존을 바라지 않고 뭔가 부모의 재산을 탐하는 자녀로 비추어질 수 있기 때문이다.

이런 상황에서 부모가 아무런 준비 없이 부의 이전을 실행하지 않았는데 갑작스런 사망으로 상속이 진행되면 자녀들은 상속세 폭탄을 맞게 되고 이런 자녀들은 한결같이 "상속을 받으면 뭐 하나? 세금이 이렇게 많이 나오는 줄 몰랐다. 자금이 없는데 어떻게 세금을 내야 하느냐."며 하소연한다.

부모가 먼저 고민하고 실행하지 않는다면 그 고통은 고스란히 자녀에게 돌아가게 될 것이다.

필자들은 이 책 세무사들이 들려주는 『상속 증여 절세 비책』에서 상속세와 증여세에 초점을 맞추어 다음과 같이 구성하였다.

1. 상속, 증여를 미리 준비해야 하는 이유
2. 준비하지 않고 상속이 이루어지는 경우 발생되는 문제점

3. 상속, 증여세법에 관련된 내용과 절세 방법 그리고 필자의 노하우에 대해서

4. 마지막으로 필자의 꿀팁과 여러분에게 당부하고 싶은 이야기

    이 책 한 권이 여러분 재산을 후대로 이전함에 있어서 스스로 전문가가 된다거나 또는 완벽한 대비를 하는 것은 불가능에 가까울 것이다. 아마도 어떤 책도 그렇게 만들어 줄 수는 없을 것이다. 여러분이 알아야 할 것은 이 책에서 서술하고 있는 디테일한 세금의 기술, 정보보다는 부의 이전을 대하는 마인드라고 생각한다. 이 책을 쓴 이유는 여러분이 세금에 대한 마인드를 갖고, 세금은 미리 준비해야 한다는 이유를 조금은 알아가길 바라는 마음이다. '미리 준비가 되어 있으면 근심할 것이 없다.'라는 말로 유비무환(有備無患)이라는 말도 있지 않은가! 미리 준비하는 것만으로도 발생할 수 있는 세금 문제를 절반 이상 줄일 수 있을 것이다. 아울러 이 책이 여러분의 재산을 조금이라도 더 지킬 수 있는 마지막 문제 하나를 해결하는 첫 발걸음이 되길 바란다.

    이 책은 그동안 상속, 증여 계획을 위한 전문적인 컨설팅을 제공한 세무법인 우진에 소속된 모든 세무사가 함께 집필하였습니다. 이 자리를 빌어 과중한 업무로 바쁜 시간임에도 불구하고 집필에 참여한 모든 세무사에게 감사를 전하고 세무법인 우진 지점의 모든 지점원들에게 감사의 인사를 전합니다.

세무법인우진 세무사 일동

목차

대한민국의 자산이 움직이고 있다

상속, 증여 생각 없이 하면
세금 폭탄을 피할 수 없다

3장

상속세 계산과 사례

4장
증여세의 계산과 사례

5장
가업 승계의 비밀을 풀어 보자

6장

상위 1%를 위한 절세 TIP(증여)

7장

상위 1%를 위한 절세 TIP(상속)

1장

대한민국의
자산이
움직이고 있다

자산의 노령화
(대한민국의 자산이 주인과 함께 늙어 가고 있다)

(1) 한국의 상속세

2020년 10월의 어느 날 대한민국 1위 기업인 삼성그룹의 총수(1945년생) 이건희 회장의 사망 소식이 전해졌다. 이건희 회장의 사망으로 인하여 이재용 삼성전자 부회장을 비롯한 상속인들은 약 11조 원 규모의 천문학적인 상속세 재원을 마련해야 하는 상황이 발생하게 된 것이다. 상속인들은 이건희 회장의 긴 투병 생활 동안 최대한의 전략을 만들었겠지만 이건희 회장의 사후에도 상속세를 납부할 재원을 마련해야 하므로 상속인들이 주식으로 보유 중인 삼성전자, 삼성물산 등 지배 회사의 배당을 더욱 높이거나 또는 일부 계열사 등의 지분을 매각, 정리하는 작업을 시도해야 할 것이다.

2019년 4월의 어느 날 한진그룹의 총수인 조양호 회장(1949년생)이 갑작스럽게 세상을 뜨면서 보유 중인 주식과 부동산 등의 재산을 상속인들이 상속을 받았다. 경영권 분쟁 등으로 한진그룹은 한동안 시끄러웠고 더불어 상속인들이 부담하게 될 상속세는 2700억 원가량이다. 각 상속인은 조양호 회장의 퇴직금과 주식 매각 대금 등으로 가까스로 상속세의 일부를 납부하였지만 연부연납으로 매년 납부해야 할 세금은 수백억 원에 달한다.

2021년 넥슨의 창업주인 김정주 회장(1968년생)이 사망하였는데 사망 당시 상속재산은 15조였고 납부해야 하는 세금은 6조 가량이 나왔다. 여기에 롯데그룹의 신격호 회장은 2020년에 LG그룹의 구본무 회장은 2018년에 세상을 떠났고 수천 억의 상속세를 연부연납하고 있다.

대한민국의 재벌가는 매년 총수들의 사망으로 인한 상속세로 수백억에서 수천 억의 세금을 매년 납부하고 있다. 부자들이니 이 정도의 세금을 낼 수 있다고도 생각할 수 있다. 어쩌면 재벌들이 이 정도의 세금은 당연히 내야 한다고 말하는 사람들도 있을 것이다. 하지만 상속이 이루어지는 시점에서 상속인들이 세금을 납부하는 것은 재벌 또는 부자들만이 아니다. 예전에는 부자들이 내는 세금이 상속세라고 생각하고 있었는데 아직도 그렇게 생각한다면 크게 오산하는 것이다. 이제 상속세는 본인이 부자라고 생각하지 않더라도 누구에게나 일어날 수 있는 일이 되었다.

서울에서 살고 있는 A 씨는 장성한 자녀들은 모두 분가하고 남편은 몇 해 전 세상을 먼저 떠났다. 재산이라고는 20년 전부터 남편과 함께 살던 서울의 집과 공무원으로 30년 동안 재직 후 퇴직하고 받던 연금을 사망 후에도 계속해서 수령하고 있었다. 남편이 사망하고 상속세 신고를 하던 당시에도 상속세가 2억 이상 나와서 현재까지 자녀들과 연부연납으로 나누어서 납부하고 있는데 가진 것이라고는 살고 있는 아파트와 생활비에 가까운 연금뿐이고 생활이 넉넉하지 않은 자녀들도 추가적으로 납부하고 있는 상속세 때문에 힘들어하고 있다. 그렇다고 오랜 세월 살고 있던 아파트를 처분하고 다른 지역으로 터전을 옮기는 것도 어렵고 자녀들과 같이 살면서 부담을 주는 것도 미안하다.

A 씨도 아마 이런 일을 겪기 전까지는 상속세는 부자들이 내는 세금이라고만 생각하고 있었을 것이다. 집 한 채 있는 서민이 내는 세금이라고는 상상도 못 하고 있었을 것이다. 최근 몇 년간 살고 있던 아파트 가격은 2배가 되었지만 내 일상은 하나도 달라진 것이 없는데도 불구하고 세금이 이렇게 나오는 게 맞다고 하니 아끼고 절약하며 살아온 인생이 후회스럽다고 한다.

대기업 총수이건 일반 서민이건 이제는 서울에 집 한 채 있으면 상속세를 납부해야 하는 시대가 되었다. 부자의 세금이라고 여기던 상속세를 왜 서민도 납부하게 되는 시대가 된 것인가?

세금을 매기는 기준금액은 여전히 2000년 이후로 동일한데 자산의 가격은 2000년 대비 5배 이상 올라 있는 상황이다. 거기에 대한민국의

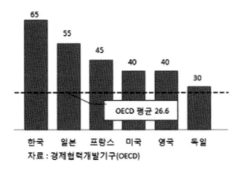

OECD 국가별 최고 상속세율 비교 (단위 : %)

65 한국
55 일본
45 프랑스
40 미국
40 영국
30 독일

OECD 평균 26.6

자료 : 경제협력개발기구(OECD)

상속세는 경제협력개발기구인 OECD 회원국과 비교 해서 최고 수준이다. 심지어 상속세가 없는 국가가 13개국이나 된다니 우리나라 상속세 개편은 필요하지 않을까 생각한다.

물론 그렇다고 상속세가 부당하니 안 낼 수도 없는 것이고 개정이 되기만을 기다릴 수도 없는 것이니 납세자의 입장에서는 현재 상황에서 세무전문가와 최선의 방법을 찾아 절세를 하는 것이 최선일 것이다.

1-2

다툼 없는 상속을 위한 준비

30년간 직장 생활을 마치고 이제 은퇴하게 된 B 씨, 은퇴 이후 B 씨는 직장 생활을 하는 동안 아끼고 모아 상가 건물을 장만하여 이제는 남은 시간은 배우자와 못 다닌 여행도 같이 다니는 행복한 시간을 꿈꾸고 있다. 하지만 주변 친구들이 하나둘씩 세상을 떠나면서 남겨진 자녀들끼리 재산 정리가 되지 않은 탓에 재산 다툼으로 서로가 시끄럽다는 이야기가 심심치 않게 들려오고 있다. B 씨는 많지 않은 재산이기는 하지만 자신 없이 홀로 남을 배우자의 남은 여생을 조금이라도 지켜 주고 싶고 아이들이 이런 것으로 사이가 나빠지지 않으려면 미리 재산 분배를 명확히 해 두어야 할 것 같았다. 상속재산의 분배는 어떤 방식으로 해야 할까?

(1) 상속재산 분할

상속개시(사망)로 공동 상속인(배우자, 자녀 등)은 피상속인(사망자)의 권리와 의무를 각자 승계하여 상속재산은 공동 상속인의 공유가 됩니다. 그리하여 상속이 이루어지게 되면 재산은 다음의 순서에 따라 상속재산을 분할해야 한다.

① 지정 분할(유언, 유증)
② 협의 분할
③ 법정 분할(심판 분할)

각 분할의 방법을 간략히 살펴보면 다음과 같다.

① 지정 분할(유언, 유증)

상속재산의 지정 분할이란 피상속인이 상속재산의 분할 방법을 유언으로 정하거나 또는 유언으로 상속인 이외의 제3자에게 분할 방법을 정할 것을 위탁하는 경우를 말한다. 그에 따라 행해지는 분할을 말하며 우리가 통상 접하는 유언과 유증이 여기에 해당한다고 보면 된다.

② 협의 분할

피상속인의 유언이나 유증이 없는 경우 공동 상속인의 협의로 분할하는 것을 말한다. 상속재산의 협의 분할은 일종의 계약에 해당하기 때문에 공동 상속인 간의 구두로 마무리할 수도 있다. 예를 들어 형제,

자매가 모두 모여 '모든 재산을 어머니(아버지)에게 드리자.'라는 이야기를 구두상으로 했다면 그것만으로 형제, 자매 간의 합의가 된 것이라는 것이다. 하지만 통상은 차후에 상속인 간의 분쟁이 발생하게 되면 "지난번에 이렇게 얘기하지 않았냐!", "아니다. 난 그런 말한 적 없다." 등 구두 합의 사항을 확인할 수 없게 되므로 이를 피하기 위해서는 상속분할협의서를 작성하는 것이 일반적이다. 또한 협의 분할은 공동 상속인 전원의 합의가 있어야만 성립이 가능하기 때문에 분할 협의에 참가한 상속인이 무자격이거나, 상속인의 일부를 제외시키고 합의한 분할의 협의는 무효가 된다.

③ 법정 분할(심판 분할)

공동 상속인 간에 분할의 협의가 원만히 이루어지지 않는 경우 상속인 중 한 사람 또는 여러 사람이 나머지 상속인 전원을 상대로 하여 가정법원에 심판을 청구하는 분할 방법이다. TV나 신문에서 보던 '상속 재산으로 보는 법정 다툼'이 이런 것이다. 상속재산분할심판청구가 제기되면 가정법원이 재산 분할에 관한 심판을 결정한다. 재산 분할 시 동산 등의 현물인 경우 분할이 불가능하거나 분할 시 그 가액의 감손이 될 염려가 있는 경우 이를 경매를 신청할 수 있으며 이를 환가한 금액을 지급한다. 경매 진행 시 '공유물 분할 판결문에 의한 형식적 경매'가 이러한 것의 일종이라고 볼 수 있다.

B 씨는 상속재산의 분할 방법 중 유언을 통해서 자녀와 배우자에게 재산을 정리해 주고 싶은데 이제는 유언의 방법이 여러 가지가 있다고

듣고 어떤 방법이 있는지 자세히 알고 싶어졌다.

(2) 유언의 종류와 방법

유언은 위에서 알아본 바와 같이 지정 분할의 방법을 이용하여 피상속인의 재산의 귀속인을 정하는 방법으로써 법에서 정한 방법은 다음의 5가지이다.

① 자필증서에 의한 유언
② 녹음에 의한 유언
③ 공정증서에 의한 유언
④ 비밀증서에 의한 유언
⑤ 구수증서에 의한 유언

유언을 할 때는 법에서 정한 방식을 엄격히 준수하도록 하고 있으며 이를 준수하지 못한 채 피상속인의 마음대로 한 유언은 효력이 없다. 유언의 효력이 없다는 것은 재산 다툼의 씨앗을 심는 것과 같다. 자녀들의 화목한 우애를 위해서 유언을 할 때는 반드시 그 법에서 정한 규칙을 지키고 전문가의 도움을 받도록 하자.

① 자필증서에 의한 유언
이 방식은 유언자가 직접 유언장을 쓰는 것으로 유언자가 유언의 내용을 직접 쓰고, 여기에 반드시 작성 연월일, 성명, 주소를 기재하고 날

인하여야 한다. 이 조건 중 하나라도 위배되는 경우에는 무효이다. 예를 들어 유언자의 구술을 제3자가 대필을 하는 것은 자필이 아니므로 무효이다. 작성 연월일을 정확히 기재해야 한다. 연도만 적는다거나 연도와 월만 기재하는 경우에도 무효이다. 다만, '만 50세 생일, 손자녀 누구의 만 1세 생일날' 등 그 연월일을 특정할 수 있는 경우에는 연월일의 형식을 갖추지 않았음에도 불구하고 무효는 아니다.

자필증서의 장점은 증인이나 공증인 등이 필요하지 않고 또한 비용이 들지 않으며 간편하고 그 내용에 대해서도 유언자 본인만 알고 있을 수 있으므로 비밀 유지가 가능하다. 단점으로는 법률적 지식이 부족하여 형식적 요건을 갖추지 못한 경우 무효가 될 소지가 크며 위조, 변조의 문제가 발생할 수 있어 유언자 사망 후 법원의 진위 여부를 위한 검인이 필요하며, 자필증서의 존재를 모르는 경우도 있을 수 있으며 자필증서의 존재를 알게 된 일부 상속인이 자신에게 불리한 경우 이를 은닉할 수도 있다는 문제가 있다.

② 녹음에 의한 유언

유언자가 녹음기를 이용하여 유언의 취지, 그 성명과 유언의 연월일을 모두 녹음하고 여기에 참여한 증인이 유언이 틀림이 없고 정확하다는 내용과 본인의 성명을 녹음하는 방식이다. 녹음에 의한 유언은 반드시 증인의 참여가 꼭 필요하며 증인이 없거나 또는 그 증인이 미성년자, 유언을 통해서 이익을 받게 될 자(상속인)나 그 배우자와 직계혈통인 경우에는 증인으로서의 효력이 없으므로 이 녹음에 의한 유언은 무효가 된다. 그렇기에 증인이 결격사유에 해당하는지를 반드시 파악해야 하며 그러한 증인이 구술로 참여해야 한다.

③ 공정증서에 의한 유언

유언자가 공증인 앞에서 구술로 유언의 취지를 말하거나 또는 유언자가 미리 작성한 유언의 내용을 공증인에게 제시하고 공증인은 이를 필기하고 유언자와 증인에게 낭독해 그 정확함을 확인받은 후 각자 서명·날인함으로써 완료된다. 이때 증인의 요건은 녹음에 의한 유언에서의 증인과 동일하고 증인은 2인 이상이 참여하여야 한다. 공증인이라는 전문가가 참석하여 진행은 하는 건이다 보니 오류가 적어서 최근에 가장 많이 활용되는 방법 중 하나이다.

④ 비밀증서에 의한 유언

이 방식은 유언자 본인 또는 타인이 작성한 유언장에 유언자의 성명을 기입한 증서를 밀봉·날인하고 2인 이상의 증인에게 제시하여 유언자 본인의 유언임을 표시하고 그 겉봉에 제시 연월일을 기재 후 유언자와 증인이 각자 서명 또는 날인을 한다. 유언 증서는 서명, 날인 이후 5일 이내 공증인이나 법원에 제출하여 확정일자를 받아야 그 효력을 발휘한다. 비밀증서에 의한 유언은 유언의 내용을 비밀로 하고 싶은 경우 활용할 수 있으며 자필증서와 다르게 타인의 필기가 가능하기에 이름만 쓸 수 있으면 유언이 가능하다. 그렇기에 자필증서에 의한 유언의 비밀 유지라는 장점과 녹음, 공정증서에 의한 유언의 구술의 효과를 조합한 방식이라고 할 수 있다.

⑤ 구수증서에 의한 유언

구수증서에 의한 유언은 위에서 기재한 4가지 방식의 유언을 할 수 없을 정도의 급박한 사유나 질병 등이 있는 경우에 하는 유언의 방식이며 유언자가 2인 이상의 증인의 참여로 그 1인에게 유언의 취지를 구술하고 구술을 받은 자는 이를 필기하고 낭독해서 유언자의 증인이 그 정확함을 승인 후 각자 서명이나 날인하는 방식으로 이루어진다. 구수증서에 의한 유언은 그 증인이 급박한 사유가 종료한 날로부터 7일 이내에 법원에 그 검인을 신청해야 한다.

여기서 유의할 점은 위의 4가지 방식(자필증서, 녹음, 공정증서, 비밀증서에 의한 유언)에 의한 유언이 객관적으로 가능한 경우임에도 불구하고 구수증서에 의한 유언을 하는 경우는 인정하지 않고 있다. 그렇기에 고령, 거동이 부자연스러운 경우, 부상당한 경우, 중대질환으로 사망 임박인 경우 등의 급박한 사유에서만 활용하길 바란다.

(3) 법정 상속인의 범위와 법정 상속 순위

30년 교사로 근무하던 C 씨 부부는 슬하에 자녀를 두고 있지 않다. 그렇기에 부부가 사망하는 경우 부부가 평생 교사로 생활하며 아끼고 모은 모든 재산의 각자의 부부의 형제, 자매들에게 상속이 되는데 그 형제, 자매들은 부부의 사망 순서에 따라 상속인이 될 수도 또는 상속인이 될 수도 없다는데 상속인은 누가 어떻게 되는 건가?

피상속인이 사망하게 되면 일반적으로 피상속인의 배우자와 직계비속(자녀)이 상속을 받게 되는 것이 우선순위인데 위의 사례처럼 피상속인의 직계비속이 존재하지 않는 경우도 있다. 상속인은 아래의 순서에 따라서 상속인이 된다.

① 배우자와 직계비속(자녀)
② 배우자와 직계존속(부모)
③ 형제자매
④ 4촌 이내 방계 혈족

여기서 배우자는 1순위(직계비속)와 2순위(직계존속)의 상속인이 있는 경우 그 상속인과 동순위로 상속인이 된다. 다만, 1순위, 2순위 상속인이 없이 배우자만 있는 경우에는 배우자가 단독 상속인이 된다.

대기업 임원을 지내고 있던 D 씨, 과로에 시달리던 중 어느 날 급작스럽게 급성폐렴으로 사망에 이르게 되었다. 배우자와 자녀는 갑작스런 가장의 사망으로 슬퍼할 겨를도 없이 큰 충격을 받게 되었다. D 씨가 그동안 내연 관계에 있던 내연녀가 있었으며 심지어 내연녀와의 사이에서 자식이 있다는 소식을 듣게 된다. 내연녀와 내연녀와의 자식은 상속인이 될 수 있을까?

상속인에 해당하는 직계비속에는 배우자의 자녀뿐만 아니라 내연녀와의 자녀도 포함하며, 입양자도 직계비속에 해당한다. 그렇기에 내연녀와의 사이에서 태어난 자녀도 상속인의 지위를 갖는다. 다만 내연녀는 법정 배우자가 아니기 때문에 상속인이 될 수 없다.

개인 사업을 하고 있는 E 씨는 일만 하느라 늦은 나이가 되어서야 인생의 반려자 F 씨를 만나게 되었고 둘은 결혼에 골인하게 되었다. 결혼식을 무사히 마치고 달콤한 신혼여행을 즐기고 있는 중 불행히도 E 씨와 F 씨는 신혼여행 중 교통사고가 발생하게 되었고 E 씨는 사망에 이르게 되었으며 E 씨의 신부인 F 씨는 신혼여행 중 신랑을 잃게 되었다. F 씨는 신랑도 잃고 망연자실 신혼집에 홀로 있는데 E 씨의 부모로부터 F 씨는 아직 혼인신고도 하지 않은 상태로 법적인 배우자가 아니어서 상속인이 될 수 없으니 집에서 나가라는 통보를 받았다.

상속인으로서의 배우자는 법적 배우자를 말한다. 내연녀, 사실혼 상태의 배우자와 더불어 이혼한 배우자도 상속인이 될 수 없다. 그렇기에 F 씨는 상속인이 될 수 없으며 재산에 대해서도 상속을 받을 수 없다.

하지만 수개월 후 F 씨는 E 씨와의 사이에서 아이가 생겨 임신하게 되었다는 걸 알게 되었고 아이는 건강하게 순산하였다. 그리고 유전자 검사를 통해 태어난 아이는 E 씨의 아이임이 확인되었다. E 씨의 사망 당시 복중 태아였고 사후에 태어난 이 아이는 E 씨의 직계비속으로 상속인이 될 수 있을까?

우리나라 민법에서는 태아도 상속인의 지위를 갖고 있으므로 출생일을 상속개시 시점으로 간주하여 상속받을 수 있다. 만일 태아가 태어나지 못하고 복중에서 사망한다면 권리 능력이 자체가 사라지므로 상속받는 것은 불가능하다.

1-3

대한민국 부동산은 증여 중

배우자와 자손에게 부를 이전하는 방식은 두 가지이며 이러한 두 가지 방식 모두 세금을 수반하게 된다. 첫 번째는 앞서 살펴보았던 상속이다. 상속은 피상속인의 사망으로 인해 남은 잔여 재산을 이전하는 방식이다. 상속은 사망을 하는 경우에 발생하므로 우리의 선택적 개입이 아닌 방식이다. 두 번째가 이번에 보게 될 증여이다. 증여는 생전에 증여인(증여를 하는 사람)의 의사에 따라 원하는 시점에 수증자(증여를 받는 사람)에게 부를 이전하는 방식이다. 과거에는 자녀를 도와주는 것은 특별히 문제가 되지 않으며 당연히 도와주어야 되는 것으로 인식되어 왔다. 필자에게도 상담이 오면 자녀가 결혼하게 되어 집을 사 주거나 전세 보증금을 주려고 하는데 세금을 내야 한다는 말이 있다더라며 이게 무슨 세금이냐 예전에 주변 지인은 자녀들에게 집을 사주었는데 세금 냈다는 말은 안 하더라 최근에 이렇게 바뀐 것이냐며 "정말 억울하다, 세금 다 내고 남는 돈으로 자식이 집 사는 데 부족하여 주는 건데 왜 세금을 내는 것이냐."며 억울함을 호소하시는 분도 간혹 있었다.

대한민국의 시스템은 수십 년 전부터 계속 업그레이드해 왔고 현재의 수준은 세계적으로도 현저히 앞서고 있는 단계이다. (역시 IT 강국 대한민국이다.) 주요 시스템으로는 NTS(국세청 전산시스템), FIU(금융정보분석원)이 있다. 현재 전 국민의 소득 정보, 카드 사용 내역, 해외 출국 내역, 매출 정보, 부동산 보유 현황, 확정일자, 보증금 등 모든 자료가 여러 전산을 거쳐 NTS시스템에 집중되고 있으며 이를 바탕으로 국세청은 소득 대비 지출 및 재산 보유 현황을 비교 판단하고 있으며 이 자료를 토대로 하여 전방위적인(매출 누락, 소득 누락) 세금 징수하고 있고 상당수의 자산 형성에 대한 자금 출처 소명자료를 납세자(국민)에게 요구하고 세금을 징수하고 있다.

FIU(금융정보분석원)는 본래 돈세탁 방지 사정기관인데 통상 자금세탁방지제도라 하여 그중 고액 현금 거래 보고를 하고 있다. 고액현금거래보고제도는 일정 금액 이상의 현금 거래를 FIU에 보고토록 하는 제도로 1일 동안 1천만 원 이상의 현금을 입금하거나 출금하는 경우 거래자의 신원, 거래 일시, 거래 금액 등 객관적 사실을 전산으로 자동 보고하게 되어 있다. 2006년 처음 도입된 이 제도는 도입 초기 5천만 원에서 시작하여 2019년 7월부터는 1천만 원 이상으로 단계적 인하되고 있었다. 역시나 이 자료는 다시 국세청 NTS로 보고되어 관리된다. 물론 이러한 보고 사항은 해당 납세자에게 해당 자료가 국세청에 보고되었다는 통보가 되고 있으며 이러한 통지서를 받으신 분들도 꽤 있다. 이럴 때마다 전화로 문의하시는 분들도 있으시다. 통보만으로 무슨 일이 생기는 건 아니지만 나의 거래내역이 남아 있다는 게 찜찜한 건 사실이다.

최근에는 여기서 한 발 더 나아가 증여세 없이 증여를 하는 것이 더욱 어려워진 것은 부동산에 대한 자금조달계획서와 전월세 신고제이다. 자금조달계획서는 주택을 구입한 자금이 어디에서 나왔는지 자금의 원천을 세세히 취득 시에 공개해야 하며 이 과정에서 증여로 받았는데 대출 위반인지 등 국세청과 더불어 국토교통부, 지자체 부동산원의 검증을 받게 되고 사후 소명까지 하게 된다. 주택의 경우 2023년 2월 현재 강남구, 서초구, 송파구, 용산구가 조정지역이므로 자금조달계획서를 의무적으로 제출해야 한다. 토지의 경우 2022년 3월부터 6억 이상의 토지를 거래하는 경우 또는 수도권, 광역시, 세종시 소재에서 1억 원 이상의 토지를 거래하는 경우에는 자금조달계획서를 의무적으로 제출해야 한다.

과거에 NTS와 FIU를 통해서 재산 내역과 소득을 비교하여 사후적으로 증여 등을 검증하였다면 자금조달계획서를 통해서 사전에 증여 여부 및 소득 누락 여부를 적발할 수 있다. 그렇기에 최근에는 변칙 증여보다는 정상적인 증여를 통한 신고로 증여세를 납부하고 있는 실정이고 그렇지 않은 경우에는 적발의 가능성은 한층 더 높아지고 있다.

서울에 건물을 몇 채 소유하고 50대 자산가 G 씨는 평생 일군 재산이 대출을 모두 제외하고도 100억 가까이 된다. 최근 건강이 급격히 안 좋아져 건강검진을 받고 암 선고를 받게 되었다. 아직은 젊다고 생각했는데 갑작스런 건강의 이상에 G 씨는 사후에 남겨질 배우자와 자녀에게 많은 상속세가 나올 것이 걱정이 되기 시작하였다. 심란하던 G 씨에게 주변 지인으로부터 미리 증여하면 증여세가 훨씬 적을 것이라는 말만 믿고 본인의 재산 중 절반을 배우자와 자녀에게 증여하고 세무서에 직접 방문하여 신고를 하였다.

해당 증여세도 낼 수 없는 상황이어서 증여세까지 G 씨가 납부하면서 상당한 증여세를 냈다 하지만 이게 어떻게 된 일인가. G 씨의 생각과는 다르게 G 씨의 사망 후 G 씨의 상속인인 배우자와 자녀는 상속재산이 반으로 줄었으니 상속세는 별로 없을 것이라던 G 씨의 예상과는 다르게 상속세가 폭탄처럼 떨어지게 된 것이다. G 씨는 무슨 실수를 한 걸까?

일단 G 씨는 세무전문가인 세무사가 아닌 전문적인 지식이 없는 일반인의 이야기만 듣고 본인의 판단으로 결정한 것이 가장 큰 실수이다. 세법에서는 G 씨처럼 생전에 재산을 상속인에게 증여한 후 사망 시점의 재산을 최소로 만들어 상속재산이 없게 만드는 편법을 막고자 피상속인의 상속개시일(사망 시점)로부터 소급하여 10년 이내에 상속인에게 증여한 재산과 소급하여 5년 이내 상속인 이외의 자에게 증여한 재산은 피상속인의 상속재산에 가산하여 상속세를 계산한다. 여기서 증여로 인해 납부한 세금은 상속세에서 차감해 준다. 그렇기에 G씨처럼 남은 여생이 얼마 안 남은 상황이라면 증여를 하는 것이 상속재산에서 빠지는 것은 아니라는 것이다. 그렇기에 다각도로 판단하여 증여를 사전에 검토하여야 한다.

● 장학금으로 기부하고 200억 세금 추징된 사연

2008년 수원세무서는 장학재단에 주식을 기부한 것에 대해서 140억 원의 증여세를 부과하였다. 황필상 박사는 1947년생으로 아주대학교를 졸업했다. 생활 정보지로 큰 성공을 이루고 본인이 소유하고 있던 해당 회사의 주식 90%(시가로 약 177여 억 원 상당)를 어려운 학생들을 위해 모교인 아주태학교에 기증하였고 아주대학교는 이 기금으로 황필상 아주장학재단을 설립해 대학생들에게 장학금과 연구비를 지원했다. 수원세무서는 해당 증여에 대해서 증여세를 부과하였고 황 박사는 이에 불복하여 소송을 진행하였다. 7년이라는 긴 소송 기간 동안 세금은 가산세가 붙어 225억 원까지 늘어났으며 이 과정에서 황 박사는 약 20억 원의 재산에 강제 집행을 당하기도 하였다. 다행히도 2017년 대법원은 경제력 세습과 무관하게 기부를 목적으로 한 주식 증여에 거액의 증여세를 부과하는 것은 부당하다는 판결을 내려 황 박사의 억울함도 풀어 주어 이 사건은 일단락되었다.

증여를 했음에도 불구하고 신고 기한 내(증여일로부터 3개월 말일) 신고하지 않았거나, 사후적으로 적발되는 경우 또는 법으로 정한 금액보다 낮은 금액으로 신고하는 경우는 어떻게 될까? 증여의 시기 중여재산가액 등 증여세법에서 정한 방법을 준수하여 재산평가 및 신고를 하게 되어 있으며 이러한 법규정을 지키지 않는 경우에는 원래 내야 하는 세금에 추가하여 가산세를 납부하여야 하는 바 증여세에는 반드시 세무전문가인 세무사의 도움을 받아 신고, 납부하는 것이 최고의 절세의 지름길이라 할 것이다.

1-4

부동산 소유한 자산가의 고민

서울에 거주하시던 80대 H 씨에게 재산이라고는 거주하고 있던 아파트 한 채가 전부였다. H 씨는 자신의 아파트에서 거주하면서 자녀들이 도와준 생활비로 남은 여생을 보내고 있었고 노환으로 생을 마감하게 되었다. H 씨의 자녀는 아파트를 상속받게 되었는데 최근 몇 년간 급격한 부동산 가격의 상승으로 H 씨의 아파트는 20억을 상회하게 되었다. 상속세는 4억여 원이 부과되었고 H 씨와 자녀 모두 재산은 부동산이 전부였고 현금으로 납부할 수 있는 방법은 없었다.

이 사례는 금액의 차이는 있을 수 있지만 우리 주변에서 흔히 볼 수 있는 사례이다. 우리나라 국민의 대다수는 재산의 70% 이상이 부동산 자산이며 그중에서도 거주하는 주택 하나가 본인과 가족의 재산의 전부인 경우도 상당히 많다. 그 와중에 최근에는 부동산을 비롯한 대부분의 자산 가격이 폭등을 하면서 부동산의 비중은 더 커지고 있는 상황이다. 이러한 시기에 상속이 이루어지게 되면 상속세를 납부할 현금이 없어 상속인이 선택할 수 있는 선택지는 별로 없다. 가장 좋은 방법은 상속세를 납부할 재원을 미리 계획하고 사전에 이에 대한 대비책을 마련하는 것이다. 하지만 이러한 대비가 없다면 다음의 방법을 택할 것이다.

① 연부연납
② 부동산 처분
③ 물납

각각에 대해서는 다른 장에서 자세히 설명할 것이기에 여기서는 간략히 기재해 보겠다.

① 연부연납

일시에 많은 상속세가 부과되고 납부를 해야 하기 때문에 상속세의 상당액에 준하는 납세담보를 제공하고 세금을 10년 동안 분할로 납부하는 방식이다. 분할하여 납부하는 세액에는 이자 상당액을 추가로 납부하지만 그래도 향후 발생할 소득으로 나누어 낼 수 있기에 가장 많이 활용되는 방법이다. 2022년부터 5년이던 연부연납 기간을 상속세의 경우 10년으로 개정(증여세는 5년)한 것이며 그렇기에 상속인이 아직 경제 활동을 하고 있어 소득이 발생하거나 부동산의 임대료 등이 예상되는 경우 그로 인해 상속세 부담을 감당할 수 있다면 신청하는 것이 유리하다.

② 부동산 처분

연부연납을 신청을 할 수 없거나 신청하더라도 앞으로 납부할 꾸준한 현금 흐름이 없을 것으로 예상되는 경우에는 부동산을 처분해야 납부가 가능한데 상속받은 부동산 또는 소유하고 있는 다른 재산을 처분하여 처분대금으로 납부한다. 이때 부동산이 상속세 신고 기한 내인 6개월 이내에 처분해야 하기 때문에 부동산의 가액이 큰 경우 또는 부동산 경기가 좋지 않아 매매가 되지 않는 경우 등에는 부득이하게 급매로 싼 가격에 처분할 수밖에 없어서 손해를 보게 된다.

③ 물납

상속세 납부재원을 마련할 방법이 없고 상속받은 부동산도 처분이 불가능한 경우 상속받은 부동산을 상속세 대신 납부하는 것을 물납이라고 한다. 상속세 재원이 도저히 없는 경우 어쩔 수 없이 하는 방법이기에 손해가 더욱 커질 것이다.

영등포 목화예식장이 영등포세무서가 된 사건은 물납의 대표적 사례로 회자되고 있다. 관공서의 느낌보다는 예술 작품 같은 고딕 양식의 화려한 외관을 갖춘 이 건물은 원래 목화예식장으로 사용하던 건물이었다. 예식장의 대표가 갑작스럽게 사망

하여 상속세 납부가 어려워져 예식장으로 사용하던 두 개의 건물을 물납하게 되었고 국유화된 건물은 그중 하나는 영등포세무서가 되었고 다른 하나는 서울남부고용노동지청이 사용하게 되었다.

J 씨는 상업용 건물을 여러 채 소유하고 있으며 건물에서 발생하는 임대 소득으로 삶에 여유도 있었다. 이런 J 씨에게 큰 고민이 있었으니 J 씨에게는 아들이 하나 있었는데 아들은 대학을 졸업하고 유학도 다녀왔지만 번번이 취업에 실패해서 직업을 갖지 못하고 경제적 활동을 하지 않고 있는 것이다. 거듭되는 취업의 실패로 J 씨 아들은 자신감을 잃어 가고 두문불출하고 있으니 J 씨는 아들이 세상 밖으로 나와 경제적 활동도 하고 자신감을 찾았으면 하는 바람이다.

그래서 J 씨는 소유 중인 건물 중 하나를 아들에게 증여해 주어서 임대료 수입으로 아들이 경제적 자립도 할 수 있고 건물 관리를 하면서 세상과 마주하길 기대했다. 건물의 시세는 15억 정도 상당으로 형성되어 있는데 공시가는 10억이 채 되지 않아 과거에 하던 대로 공시가로 증여하면 되겠다고 생각했다. 하지만 세무전문가의 상담을 받은 바 공시지가 10억이 아닌 시세 15억에 감정을 받아서 신고를 하는 것이 차후 불필요한 가산세를 내지 않고 절세하는 것이라는 안내를 받았다.

증여의 가액은 시가가 원칙이었으나 시가 산정의 어려움이 크고 법률상 시가 산정이 되지 않는 경우 공시가액으로 신고하는 것을 허용하였다. 세법개정을 통해서 국세청은 증여 후 공시가액 신고한 것에 대해서 감정평가를 통해 감정평가 금액을 기준으로 한 증여세를 고지할 수 있는 법적 근거를 마련하게 되었다. 해당하는것은 부동산으로 토지 (건물이 없는), 상업용 건물, 주택의 증여가 여기에 해당하며 시세보다 낮은 가액인 공시지가로 신고하는 증여세 탈세를 막겠다는 의지를 다지고 있다. 다만, 상속의 경우 감정가액 등 시가를 판단하기 어려운 경우 공시지가 신고가 가능하므로 활용해 볼 만하다.

 J 씨는 세무사의 조언에 따라 시세대로 신고하였는데 한 가지 문제가 더 발생하였다. 증여가액 15억에 해당하는 증여세가 4.5억이 나왔는데 J 씨의 아들은 당연하겠지만 재산이 없어서 부득이하게 J 씨가 아들의 증여세를 대신 내주어야겠다고 생각한 것인데 세무사는 아들이 납부할 증여세를 아버지가 납부하는 경우 해당 증여세 상당액을 아버지가 아들에게 증여한 것으로 보아 증여세가 추가로 발생한다고 한다. 그리고 추가로 발생한 증여세 계산은 앞서 증여재산에 합산하여 세율도 40%를 적용받게 된다. 그렇게 나온 추가 증여세도 없으므로 재차 증여, 다시 증여…. 증여에 증여가 계속되어 최종 6억 원을 상회하는 증여세가 발생한다. 그렇기에 J 씨의 아들의 경우 증여받은 건물을 담보로 대출을 받아 증여세를 납부하고 건물에서 발생하는 임대료로 대출금을 상환하거나 또는 연부연납을 활용하여 1차분에 해당하는 금액만 증여 또는 대출을 받고 나머지 증여세는 앞으로 나올 임대료로 충당하는 것을 추천받았고 J 씨의 아들은 추가적인 증여세를 절세하게 되었다.

 위 사례들처럼 현금성 자산 없이 대부분의 자산이 부동산으로 집중되어 있는 현재의 실정에서는 상속도 증여도 미리 계획하고 상속, 증여세를 납부할 현금성 자산 재원을 마련하는 것이 상속, 증여 전략의 일부로 반드시 자리 잡아야 할 것이다.

1-5

중소기업 대표님의 고민

경기도에서 제조업을 경영하시는 K 대표님은 20년 넘게 회사를 운영하면서 많은 우여곡절이 있었다. IMF, 금융 위기도 있었고 최근엔 코로나 사태, 러시아 전쟁, 원자재 폭등, 환율 폭등, 인건비 폭등…. 아마도 중소기업을 운영하시는 대표라면 누구나 공감하실 것이고 언제나 회사와 운명을 함께하기에 목숨 걸고 일하는 분들이다.

회사의 성장, 발전에 대한 고민만큼이나 더 큰 고민이 있으실 텐데 그것은 이렇게 본인의 청춘과 젊음을 모두 바친 회사에서 대표 자신의 존재가 너무 크다는 것이다. 대표의 부재 시 회사는 어떻게 될까? 그리고 대표의 자녀들은 과연 어떤 생각을 가지고 있을까? 중소기업 대표의 자녀들 중 일부는 회사의 운영에 크게 관심이 없다. 과거 대한민국의 발전 시기에는 회사의 운영에 모든 가족이 총동원되어 운영되었다면 지금은 자녀들에게 본인 같은 어려운 과정을 겪지 않길 바라며 모든 지원을 아끼지 않고 지원하여 어느 자리에선가 본인의 역량을 발휘하고 있는 경우도 있다. 그러면 회사는 누가 지켜야 할까? 자녀가 부모의 회사를 물려받길 원하지 않겠지만 그래도 부모님이 평생을 일구신 가업 같은 회사를 대다수의 자녀들이 결국엔 승계하게 된다.

자, 이제 자녀들이 부모님의 회사를 승계받는다면 이제 고민 해결일까? 아쉽지만 그렇지 않다. 어쩌면 본격적인 고민은 이제부터 시작된다. 앞서도 살펴본 바와 같이 우리나라 국민은 대다수의 재산이 현금성 자산이 아니다. 중소기업 대표의 경우도 마찬가지인데 본인 재산의 70% 이상이 법인의 주식으로 보유하고 있다. 법인에는 부동산도 현금도 있지만 정작 대표 본인은 개인 재산이 법인에 비해서 상대적으로 많지 않다. 그러면 법인의 주식은 어떤 방식으로 가치를 산정할까? 코스피나 코스닥에 상장된 회사의 주식의 경우 매일 거래되기 때문에 주식의 가격을 산정하는 것이 그다지 어렵지 않을 것이다. 하지만 비상장법인의 경우에는 거래되는 경우가 거의 없기 때문에 주식의 가격을 산정하는 방식을 법으로 규정하고 있다. 계산 방식을 주요 내용만 기술해 보면 다음과 같다.

주식 가치=(순손익가치×3+순자산가치×2)/5

순손익가치는 최근 3년간의 손익의 가중평균치로 계산된 이익을 앞으로 10년간 벌어들인다고 가정하여 계산한 방식이고 순자산가치는 평가일 기준의 총자산에서 부채를 차감한 금액으로 순자산에 대한 가액을 말한다.

법에서 나름대로 공정성 있게 규정한 방식이겠지만 문제는 거래도 거의 되지 않는 주식인데 그 주식의 가치가 대표의 예상보다 훨씬 높게 계산된다는 것이다. 중소기업대표들은 자신이 경영하시는 회사의 주식 가치를 들으시면 다들 놀라시며 '그럴 리가 없다. 계산이 잘못됐다. 누가 이 금액에 우리 회사를 사겠냐.'며 손사레를 치신다. 하지만 법에서 정한 규정을 안 지킬 수는 없는 것 아닌가. 결국엔 수용하실 수밖에 없다.

이렇게 대표님이 경영하시는 주식의 가치는 상상 이상의 가격으로 계산되며, 대표가 가지고 있는 그 외의 재산은 보통 거주하는 주택과 약간의 금융 자산들이다. 모든 것을 올인하여 일군 대표님이 사망 시 상속세는 60%(최대주주할증과세적용)를 육박하는 세금이 발생한다. 그러면 상속인은 어떻게 해야 할까? 약간의 금융자산은 턱도 없이 모자라고 주택은 계속 살고 싶다. 회사 주식은 "이렇게 비싼 회사 주식을 전부도 아니고 일부만 누가 산단 말인가?" 막대한 세금을 낼 여력은 없고 부모님이 평생을 바쳐 일군 우리 회사는 다른 누군가의 손으로 넘어가게 된다. 부모님의 손길이 묻어 있는 우리 회사의 추억은 하루아침에 사라지게 된다. 이러한 사례 중 일부만 소개해 보겠다.

① 세계 최고의 손톱깎이 회사 쓰리세븐

1975년에 설립된 쓰리세븐은 2000년대 초반엔 92개국에 손톱깎이를 수출하며 시장 점유율 1위를 달리기도 했다. 쓰리세븐의 창업자인 김형규 회장이 2008년 갑작스런 사망으로 상속인은 150억이 넘는 상속세를 납부해야 하는 일이 발생했다. 회사가 어려운 과정(중국의 경쟁, 바이오 산업 진출 등)에서 150억의 상속세 납부가 불가능한 유가족은 회사의 지분을 중외홀딩스에 넘겼다.

② 토종 종자기업 농우바이오

1981년 설립된 농우바이오는 2002년 코스닥 시장에 상장되어 있으며 종자 부문에서 국내시장 점유율 1위로 대한민국을 대표하는 토종 종자회사이다. 2013년 고희선 명예회장이 급작스럽게 사망하였으며 젊은 후계자인 아들은 회사의 지분 45.4%를 상속받았다. 회사의 시장 가치는 1,500억가량 되었는데 이 지분을 포함해 상속받은 상속인에게 부과된 상속세는 1,000억 원을 넘어섰다. 상속인들은 결국 상속세 납부를 위해 농우바이오의 지분을 농협경영지주에게 매각하게 되었다.

③ 유니더스

1973년 설립된 유니더스는 2001년 코스닥에 상장되어 있는 국내최대 콘돔제조사이다. 경쟁 심화로 인해 2014년부터 회사는 계속된 적자에 시달리게 되었다. 그러던 중 2015년 말 창업주인 김덕성 회장이 별세하면서 상속인들은 아무런 준비 없이 상속받게 되었고 100억 원이 넘는 재산에 대해서 50여 억 원의 상속세를 납부해야 하는 상황이다. 회사마저 어려운 상태에서 상속인은 여러 문제로 인하여 지분을 투자조합에 넘기게 되었다.

위에서 언급한 회사들 이외에도 우리 주변의 상당수의 회사가 징벌에 가까운 상속세를 납부하기 위해 경영권 매각을 심각하게 고민 중이다.

　국세청에서는 중소기업대표의 가업상속 어려움에 대한 해결 방편으로 가업상속제도를 두고 있다. (가업상속공제제도에 대해서는 뒤에서 자세히 후술할 것이다.) 최대 500억 원까지 공제를 해 주기 때문에 요건이 갖추어진다면 세제상 혜택이 크다. 조건은 10년 이상 경영한 기업이고 연간 매출액이 1조 이하가 그 요건이다. 앞으로는 최대주주할증과세 제도도 폐지를 예측하고 있는 상황이며 이렇게 공제 요건이 완화되어 가고 있다는 것은 반길 만한 사항이지만 여전히 고용 유지 및 자산 처분 금지 등 사후 관리는 5년(이전에는 7년~10년이었다.)간 지켜야 하기에 경영의 어려움 등 예외적 문제로 인해 회사의 사정이 어려워지는 경우 상속세 추징이라는 이중고에 시달리게 되었다. 그러한 이유로 과거에는 가업상속공제를 적용받는 기업이 많을 수 없었다.

　대한민국에서는 대한상공회의소 기준 1000대 기업의 평균 수명이 28년이라고 한다. 1세대를 넘기기 어렵다는 것이다. 우리나라 대표 기업인 삼성이 50년을 갓 넘겼으며 100년이 넘는 회사는 고작 9곳이라고 한다. 이에 비해 이웃 나라 일본은 100년이 넘는 기업이 33,000개 기업에 달한다. 이것이 꼭 상속세 문제만은 아닐 것이다. 하지만 앞서 언급한 바와 같이 우량기업들도 세계적 수준(1위)의 소위 징벌적 과세라고까지 칭하는 상속세 때문에 주인이 바뀌고 있었다. 중소기업 대표의 상속세 고민은 대표만의 고민이 아닐 수 있도록 제도적 보완이 필요할 것으로 보이며 아울러 중소기업의 대표도 가업승계에 대한 준비를 사전에 해야만 피땀 흘려 일군 회사를 영속할 수 있을 것이다.

상속, 증여 생각 없이 하면 세금 폭탄을 피할 수 없다

2-1

상속세는 부자들만 내는 것 아닌가요?

　세무사로 일하면서 만나 뵙게 되는 고객분들과 상담을 통해 알게 된 사실은 상속세는 부자들만 낸다고 생각을 하시고 정작 본인과는 상관없다라고 생각하시는 분들이 많이 있다는 것이다. 상속세는 엄청난 부자들만 내는 세금일까? 정말 그럴까? 실제로 얼마나 많은 사람이 상속세 신고 대상이 되는지 그리고 얼마만큼의 상속세가 납부되었는지 통계자료를 통해 살펴보자.

　국세통계포탈(https://tasis.nts.go.kr/) 사이트와 통계청(https://kostat.go.kr/)에서 상속세 신고현황 자료와 연간 사망자 수 데이터를 조회하여 정리해 보았다. 아래의 그래프와 표는 과세 미달을 제외한 상속세 신고현황과 연도별 사망자 수에 대한 자료이다.

[2017년부터 2021년까지의 상속세 신고현황]

(단위: 백만 원)

구분	2017	2018	2019	2020	2021
신고인원 (피상속인수) (명)	6,970	8,449	9,555	11,521	14,951
총상속 재산가액	16,711,041	20,572,647	21,537,994	27,413,896	65,971,374
가산하는 증여재산가액	2,297,832	2,817,381	3,183,283	3,304,628	4,398,700
과세표준	9,894,045	12,503,548	12,261,946	16,020,664	48,962,293
자진납부할 세액	2,962,399	3,975,696	3,672,276	5,176,495	20,448,353

[연도별 사망자 수]

연도별 사망자 수	2017	2018	2019	2020	2021
계	285,534	298,820	295,110	304,948	317,680
50세 미만	22,378	22,346	21,413	20,806	20,227
50세 이상	263,156	276,474	273,697	284,142	297,453

[연도별 사망자 수 대비 상속세 신고 인원]

연도별 사망자 수	2017	2018	2019	2020	2021
신고 인원/사망자 수 (전체)	2.441%	2.827%	3.238%	3.778%	4.706%
신고 인원/사망자 수 (50세 이상)	2.649%	3.056%	3.491%	4.055%	5.026%

위의 자료들을 통해 연간 사망자 수 대비 상속세 신고 인원의 비율 (17년도 2.649% → 5.026%)이 점차 증가한다는 것을 알 수 있다.

상속세 신고 인원의 비율이 증가하는 원인은 여러 가지가 있을 수 있으나 일단 인플레이션으로 인해 최근 몇 년 동안 자산 가치는 계속해서 상승했으나, 상속세 신고대상에 영향을 미치는 상속공제나 세율에 영향을 주는 상속세 과세표준구간은 여전히 몇 년째 제자리인 것도 여러 원인 중의 하나이다.

위에 제시된 자료는 단순히 상속세 신고인원을 연간 사망자 수로 나눈 것이어서 추세를 확인하는 것이지 구체적으로 어느 정도 재산을 가지고 있는 분이 사망하셨을 때 상속세가 부담되는지를 확인하는 자료는 아니다. 그렇다면 얼마의 재산이 있다면 상속세를 고민하고 준비해야 되는 것일까?

일반적으로 배우자와 자녀가 있는 경우에는 순자산가액(피상속인이 보유하고 있는 자산에서 부채를 차감한 금액)이 10억 미만이라면 상속공제(배우자상속공제 5억 및 일괄공제 5억)를 적용받아 부과되는 세금이 없지만 순자산가액이 10억을 초과할 경우 세금이 발생할 가능성이 있다. 또한 배우자가 이미 세상을 떠나고 없어 자녀만 있는 경우에는 순자산가액이 5억이 넘는다면 상속세 부담여부를 따져 봐야 한다. 그리고 예외적인 경우로 상속인의 상속 포기로 다음 순위 상속인이 재산을 상속받는 경우에 해당되거나 상속인이 아닌 자에게 유증 등으로 재산을 상속하는 경우에는 상속공제 등이 적용되지 않아 총상속재산가액이 있는 경우에는 상속세가 부과될 수도 있으니 주의해야 한다.

그렇다면 상속개시일(피상속인 사망일)을 기준으로 봤을 때 순자산가액이 10억(배우자가 없는 경우 5억) 미만이라면 상속세 고민은 하지 않아도 되는 것일까? 그렇지 않다. 세법에서 말하는 상속재산에는 상속개시일 당시의 재산은 당연히 포함하는 것이고, 상속개시일 이전 10년 이내에 직계존비속에게 증여한 재산이 있다면 그 증여한 재산도 상속세 계산 시 상속재산에 포함하여 상속세 산출세액을 계산해야만 한다. 물론 이러한 경우 기납부한 증여세는 공제하여 준다.

또한 피상속인의 사망으로 인해 받게 되는 보험금도 상속재산에 포함이 되며, 피상속인이 보유하고 있던 주식(상장주식, 비상장주식) 등도 세법에 따라 평가한 가액을 상속재산에 포함하여야 한다. 개인 사업이 아닌 법인으로 사업을 운영하고 계신 분들이라면 본인 소유의 회사 주식의 가치가 상속증여세법에 따라 계산했을 때 얼마로 평가되는지를 모르시는 경우가 많은데 일반적으로 본인의 생각보다 주식 가치가 크게 평가될 수도 있으니 법인의 세무신고를 담당해 주시는 세무사나 회계사를 통해 미리 주식 가치를 파악해 보는 것이 필요하다. 이처럼 상속세에 대해서 대비하기 위해서는 먼저 피상속인의 자산과 부채를 정확하게 파악할 수 있어야 한다.

핵가족화된 현재의 사회에서 자녀가 부모의 재산 및 과거 10년간의 증여 내역을 제대로 파악하기는 쉽지 않다. 그리고 자녀가 부모에게 재산이 얼마인지 빚은 얼마인지를 일일이 여쭤 보는 것도 어려움이 있는 것이 현실이다. 따라서 상속에 대한 부분은 부모가 미리 고민하고 준비해야 한다.

위의 내용을 정리해 봤을 때 순자산가액이 10억 이상(배우자가 없는 경우 5억 이상) 이라면 상속세가 부과될 수 있기 때문에 본인 생각에 부자가 아니라서 상속세는 고민할 필요가 없다고 예단하지 말고 상속재산의 규모와 종류를 미리 파악하여 어떻게 절세를 할지를 고민하고 준비해야 한다.

그럼 상속이 개시될 때 상속세가 부과되지 않는 수준이면 상속에 대해 몰라도 되는 걸까? 그렇지 않다. 왜냐하면 당장에 상속세는 없더라도 상속이 개시될 때 주택이나 상가, 토지, 건물 등의 상속재산에 있는 경우 상속세를 신고할 때 어떻게 신고를 하느냐에 따라 추후 상속받은 재산 양도 시 양도소득세가 달라질 수 있기 때문이다. 아래의 사례를 통해 살펴보자.

A 씨는 홀로 계셨던 어머니가 돌아가시게 되면서 어머니의 재산을 상속받게 되었다.

상속재산: 지방에 있는 단독주택(개별주택가격: 4억 원, 감정평가할 경우 6억 원)

단독주택 이외에 다른 재산은 없는 것으로 가정

상속받은 A 씨는 본인 소유의 주택을 보유하고 있기 때문에 상속받은 주택 양도 시 1세대 1주택 비과세를 받을 수 있는 상황은 아니고 상속주택 특례는 적용받는다고 가정

[상속세 신고를 하지 않고 4년 후에 6억에 양도한 경우]

〈상속세〉
상속세 과세표준: 4억 원-5억 원= 0원
상속세 산출세액: 0원

→ 단독주택의 상속 시 취득가액은 개별주택가격으로 확정된다.

〈양도소득세〉
양도세 과세표준: (6억 원-4억 원)-16,000,000원(장기보유특별공제 8% 적용)-2,500,000원= 181,500,000원
양도세 산출세액: 181,500,000×38%-19,400,000원= 49,570,000원
지방양도세 산출세액: 181,500,000원×3.8%-1,940,000원= 4,957,000원
총 납부세액: 54,527,000원

[상속세 신고를 하면서 상속받는 단독주택에 대해
감정평가를 진행하여 상속 시 취득가액을 올리는 경우]

〈상속세〉

상속세 과세표준: 6억 원-5억 원= 100,000,000원

상속세 산출세액: 100,000,000×10%= 10,000,000원

신고세액공제: 300,000원

납부세액: 9,700,000원

→ 감정평가를 받아서 상속세를 신고하면 단독주택의 상속 시 취득
  가액은 감정평가액으로 확정된다.

〈양도소득세〉

양도세 과세표준: (6억 원-6억 원)= 0원

양도세 산출세액: 0원

지방양도세 산출세액: 0원

위의 사례를 살펴보면 상속세 신고 시 상속재산의 평가액에 대한 신고를 어떻게 했느냐에 따라서 추후 상속주택의 매각 시 양도소득세가 크게 달라지는 것을 알 수 있다. 그렇기 때문에 상속에 대한 부분은 상속세가 없다고 하더라도 상식선에서 알고 있어야 한다.

양도소득세 상담사례 중에 과거 상속재산 취득 시 평가에 대한 부분을 제대로 알지 못하고 상속세 신고 자체를 안 하는 경우가 많이 있었고, 상속재산에 대한 등기로 인한 취등록세 납부를 상속세 신고납부라

고 생각하시는 납세자분들도 꽤 많다. 상속 당시 아무런 평가나 신고를 하지 않게 되면 추후 상속재산 양도 시 양도소득세에서 큰 세금을 부담하게 되는 경우가 많은데 상속세 신고 시 납세자가 선택할 수 있다는 사실을 알고 활용해야 절세할 수 있다.

재산이 없어서 세금이 없을 줄 알았다
(상속재산보다 상속 채무가 더 많은 경우)

B 씨는 생전에 카드론 등을 이용하여 주식 등에 투자하는 활동을 하였다.
투자를 시작할 때는 주식시장이 활황이라 빚보다 주식 등의 자산이 더 많았으나 사망할 당시에는 경기 침체 등으로 인해 주식 가격이 폭락하여 상속받을 주식 등(상속재산)은 거의 가치가 없어졌으나 카드론 등의 원금과 이자는 계속 불어나 있는 상황이다.

B 씨는 주식 등과 빚 이외에는 별도의 자산 등은 없었다.

배우자와 자녀들은 아버지의 투자와 관련해서는 잘 모르고 있는 상황이다.

부모님의 생전에 순자산(자산에서 부채를 차감한 금액)이 거의 없다면 상속으로 인해 상속인들에게 별다른 문제가 없다고 생각한다. 상속받게 되는 재산이 없기 때문에 이에 대한 세금 문제도 없는 것은 당연하다. 그런데 여기서 생각해 봐야 하는 것이 하나 더 있다. 상속이라는 것은 재산뿐만 아니라 빚도 상속된다는 것이다. 상속이 발생했을 때 상속인이 상속받을 재산보다 상속받을 빚이 많은 경우에 별도의 조치를 취하지 않는다면 빚도 상속되어 상속인에게 경제적으로 큰 문제가 된다.

민법에 따르면 '상속인은 상속개시 된 때부터 피상속인의 재산에 관한 포괄적 권리의무를 승계한다.'라고 되어 있다. 여기서 '피상속인'은 사망한 고인을 의미하며, '상속인'은 피상속인의 사망으로 재산에 관한 포괄적 권리의무를 승계받는 이를 말한다. 그리고 '재산에 관한 포괄적 권리의무'는 피상속인의 재산과 채무(빚) 모두를 의미한다.

따라서 앞서 언급한 것처럼 재산뿐만 아니라 빚도 상속이 된다. 즉, 위의 사례에서 B 씨가 소유하고 있던 주식 등의 재산뿐만 아니라 카드론 등의 채무도 배우자와 자녀들에게 상속된다. 사랑하는 가족의 죽음만으로도 슬픔이 큰 상황인데 빚이 상속되어 버리면 남겨진 가족들의 경제적인 고통이 가중될 것은 자명한 일이다.

그렇다면 위의 사례의 가족들은 어떻게 상속 절차를 진행해야 할까? 선택할 수 있는 대안은 어떠한 것들이 있을까?

우리 민법은 상속인들에게 상속을 승인하거나 포기할 수 있는 권리를 부여하고 있다. 그렇기에 상속인은 피상속인의 사망으로 상속이 개시된 경우 피상속인의 상속재산을 빠르게 파악해야 한다. 그리고 상속인은 조사를 통해 파악한 피상속인의 자산과 빚의 규모를 비교하여 상속재산에 대해 승인할 것인지 또는 포기할 것인지를 선택해야 한다.

피상속인의 재산을 조사하여 빚이 더 많음을 알게 된 경우에는 상속을 포기할 수 있다. 상속 포기를 진행하기 위해서는 상속의 개시가 있음을 안 날로부터 3개월 이내에 법원에 상속 포기를 신청하여야 한다. 법으로 정해진 기한 내에 상속 포기를 신청하지 않으면 상속을 승인한 것이 되며 이 경우 피상속인의 권리와 의무가 상속인에게 승계되어 상속인은 피상속인의 채무를 갚아야만 한다. 따라서 상속이 발생한 경우 재산이 없으면 상속과 관련해서는 아무런 문제가 없다고 생각하지 말고 빚도 상속된다는 것을 잊지 말아야 할 것이다.

상속받을 자산이 확실히 더 많거나 빚이 많은 경우에는 승인이나 포기를 하면 되지만 자산이 많은지 빚이 많은지 알 수 없는 경우도 종종 있다. 이러한 경우 한정승인도 하나의 방법이 될 수 있다. 한정승인이란 상속인이 상속에서 얻은 재산의 한도 안에서만 피상속인의 채무와 유증을 변제하는 책임을 지는 상속의 승인 방법이다.

한정승인을 신청하게 되면 상속인은 상속받은 재산으로만 피상속인의 채무를 상환하기 때문에 상속받는 재산보다 빚이 더 많아서 상속재산으로 변제할 수 없더라도 상속인의 고유재산으로 변제할 의무가 없다. 그리고 상속재산이 더 많아서 빚을 다 갚게 되면 남은 재산은 상속인의 것이 된다. 따라서 상속재산이 더 많은지 빚이 더 많은지 판단이 되지 않는 경우에는 한정승인을 신청하는 것도 하나의 방법이다. 한정승인도 상속 포기와 마찬가지로 상속개시가 있음을 안 날로부터 3개월 이내에 법원에 한정승인을 신청하면 된다.

2-3

부모님의 갑작스런 사망 시
상속인의 필수 체크 사항

　부모님이 갑자기 돌아가시게 되면 상속인은 여러 가지 절차(장례식, 화장, 장지 선정 등)를 진행하느라 정신이 없는 상황을 겪게 된다. 그러한 폭풍과도 같은 상황이 지나게 되면 이제 사망에 관한 행정적인 절차를 진행하여야 한다. 이와 관련하여 몇 가지 살펴보자.

(1) 사망신고

　피상속인의 사망이 발생하면 사망신고를 해야 한다. 사망신고는 피상속인의 본적지 또는 신고인의 주소지 주민센터에 신고하면 된다. 이때 필요한 서류는 진단서 또는 사체검안서 등 사망의 사실을 증명하는 서류, 신고인의 신분증이 필요하다. 사망신고는 피상속인의 사망 사실을 안 날로부터 1개월 이내에 신고하면 된다.

(2) 상속재산 확인

피상속인의 상속재산을 확인하기 위해 안심 상속 원스톱 서비스를 이용하면 되는데 이 제도는 상속인이 금융, 국세, 지방세, 국민연금, 토지, 건축물 등 사망자의 재산조회를 신청할 수 있게 하여 상속과 관련된 후속 절차의 번거로움을 줄이기 위한 서비스이다.

접수는 사망자의 주소지 관할 주민센터 또는 구청에서 방문 신청이 가능하고 온라인(www.gov.kr) 신청도 가능하다(온라인 신청은 사망신고 처리 완료 후 가능). 신청 기한은 사망일이 속한 달의 말일로부터 1년 이내 신청이 가능하다. 수수료는 무료이며, 조회 가능한 재산 내역은 아래와 같다.

지방세정보(체납액, 고지세액, 환급액), 자동차정보(소유 내역), 토지정보(소유 내역), 국세정보(체납액, 고지세액, 환급액), 금융거래정보(은행, 보험 등), 국민연금정보(가입 여부 및 대여금 채무 여부), 공무원연금정보(가입여부 및 대여금 채무 여부), 사학연금정보(가입 여부 및 대여금 채무 여부), 군인연금정보(가입 유무), 건설근로자퇴직공제금정보(가입 유무), 건축물정보(소유 내역), 대한지방행정공제회 가입상품(가입 유무), 군인공제회 가입상품(가입 유무), 과학기술인공제회 가입상품(가입 유무), 한국교직원공제회 가입상품(가입 유무), 근로복지공단 퇴직연금, 대지급금 채무, 소상공인시장진흥공단 소상공인정책자금대출 여부

(3) 상속의 승인과 포기 결정

상속은 피상속인의 재산뿐만 아니라 빚도 상속이 된다. 따라서 상속인은 상속재산과 빚을 확인한 후 상속을 승인할지 포기할지를 결정하여야 한다. 이에 대한 결정은 상속개시가 있음을 안 날로부터 3개월 이내에 결정하여 필요한 경우 법원에 신청하는 절차를 진행해야 한다.

① 단순승인

상속개시가 있음을 안 날로부터 3개월 이내에 한정승인이나 포기를 하지 아니한 경우에는 단순승인이 된다. 이 경우 상속인은 피상속인의 권리와 의무를 제한 없이 승계하게 된다.

② 한정승인

한정승인은 상속으로 인해 얻은 재산의 한도 내에서 피상속인의 빚을 변제하는 조건으로 상속을 승인하는 것이다. 한정승인을 하기 위해서는 상속개시가 있음을 안 날로부터 3개월 이내에 가정법원에 상속재산의 목록을 첨부하여 신청하여야 한다. 한정승인의 경우 주의해야할 점(예를 들어 부동산 처분에 따른 양도소득세)이 있기 때문에 이 부분은 가능하면 전문가에게 미리 상담을 통해 한정승인이 상속인에게 유리한지를 확인하고 진행하는 것을 추천한다.

③ 상속 포기

상속 포기는 피상속인의 재산과 빚에 대한 모든 권리의무의 승계를 포기한다는 것이다. 상속 포기를 하게 되면 상속개시 당시부터 상속인이 아니었던 것과 같은 효력이 있다. 주의할 점은 본인만 포기한다고 해서 끝나는 것이 아니라 다음 순위 상속인에게 상속되게 되므로 해당 내용을 미리 다음 순위 상속인에게 알려 주고 다음 순위 상속인이 승인을 할지 포기를 할지를 선택할 수 있게 해야 한다.

(4) 상속재산의 분할

상속을 받기로 결정했다면 상속인들과 상속재산의 분할에 대해서 논의해야 한다. 상속에 대해서 미리 준비를 해 두었다면 분할도 별 탈 없이 진행될 수 있겠지만 갑작스럽게 상속이 일어났다면 재산의 분할에 대해서 조심스럽게 의견을 나누고 감정이 상하지 않고 합리적으로 배분이 되도록 해야 한다. 그리고 상속재산의 분배를 어떻게 하는지에 따라서 상속세와 취득록세, 추후의 양도소득세의 세금 부담이 달라질 수도 있기 때문에 이에 대해서도 공동상속인과 논의하는 것이 필요하다.

(5) 소유권이전등기 절차 및 취득세 신고납부

상속으로 인한 소유권이전등기 신청 기한의 제한은 없지만 취득록세의 신고 및 납부 불성실 가산세 문제 및 배우자상속공제에 대한 불이익이 있을 수 있기 때문에 되도록이면 상속개시일이 속하는 달의 말일로부터 6개월 이내에 소유권이전등기 절차를 마치는 것을 추천한다.

(6) 국민연금 청구, 예금 해지 또는 사망보험금 등의 청구

국민연금의 유족연금 수급권자는 유족연금을 청구할 수 있고, 피상속인의 예금이나 사망보험금 등이 있는 경우에는 상속인들이 청구를 통해 예금을 해지하고 보험금을 수령하여야 한다.

(7) 상속세 신고 납부

피상속인이 거주자인 경우(피상속인 또는 상속인 전원이 비거주자인 경우에는 상속개시일이 속하는 달의 말일로부터 9월 내에) 상속개시일이 속하는 달의 말일로부터 6월 이내에 상속세 신고서를 피상속인의 주소지를 관할하는 세무서에 제출하고 상속세를 납부하여야 한다. 상속세 신고 시 세무서에 제출해야 하는 필수 서류는 다음과 같다.

[필수 제출 서류]
- 상속세 과세표준신고 및 자진납부계산서
- 상속세 과세가액 계산명세서(부표 1)
- 상속인별 상속재산 및 그 평가명세서(부표 2)
- 채무·공과금·장례비용 및 상속공제명세서(부표 3)
- 배우자 상속공제 명세서(부표 3의2)
- 상속개시 전 1(2)년 이내 재산처분·채무부담 내역 및 사용처소명 명세서(부표 4)

[해당 시 제출 서류]
- 영리법인 상속세 면제 및 납부명세서(부표 5)
- 가업상속공제신고서 등 그 밖에 상속세 및 증여세법에 의하여 제
 출하는 서류 등

상속세는 신고 기한 이내에 금전으로 일시에 납부하는 것이 원칙이
다. 다만, 납부할 세금이 많으면 분할납부나 연부연납도 가능하다. 또
한 일정 요건을 모두 갖추게 되면 물납도 가능하다.

만약 상속세 신고 납부를 하지 않거나 일부를 누락하면 어떻게 될까?

상속세 법정신고기한 내에 상속세 신고서를 제출하면 신고세액공제
3%를 적용받을 수 있는데 이를 적용받을 수 없다. 또한 가산세를 추가
로 부담해야만 하는 불이익이 따른다. 부담하게 되는 가산세를 구분하
면 아래와 같다. 다만, 신고 당시 소유권에 대한 소송 등의 사유로 상
속재산으로 미확정된 경우 또는 상속재산 평가 방법의 차이, 공제 적
용 방법의 차이가 있는 경우 등에 대해서는 과소신고 가산세는 적용하
지 않는다.

[신고하지 않거나 과소신고하는 경우 부담하는 가산세]
- 일반 무신고 가산세: 일반 무신고 납부세액×20%
- 부정 무신고 가산세: 일반 무신고 납부세액×40%
- 일반 과소신고 가산세: 일반 과소신고 납부세액×10%

- 부정 과소신고 가산세: 부정 과소신고 납부세액×40%

[납부를 지연하는 경우 부담하는 가산세]
- 납부지연 가산세: 미납·미달납부세액×미납 기간×이자율
- 미납 기간: 납부 기한의 다음 날부터 자진납부일이나 납세고지일
  까지의 기간
- 이자율: 22/100,000

(8) 기타

① 종합소득세 신고
피상속인이 종합소득(이자, 배당, 부동산임대, 사업, 근로, 연금, 기타소득)이 있는 경우에는 상속인이 피상속인의 종합소득세를 상속개시일이 속하는 달의 말일로부터 6개월이 되는 날까지 종합소득세를 신고 납부해야 한다.

② 사업자등록정정신고
피상속인이 개인사업자가 있어서 상속하게 되는 경우에는 상속인을 확정하여 관할세무서에 신고하여야 한다. 또한 피상속인이 시군구청 또는 관계기관으로부터 인허가를 받는 사업을 진행한 경우 그 사업의 종류에 따라 지위승계신고를 신고기한 내에 신고해야 한다. 미이행 시에는 사업 종류에 따라 벌과금 등이 있을 수 있다.

③ 기타 사항

피상속인 명의로 가입된 핸드폰, 인터넷, 전화, 신용카드 등의 해지도 잊지 않고 해야 한다.

살펴본 것과 같이 누군가를 떠나보내고 나서도 정리해야 할 것이 많다. 상속이라는 과정은 인생에서 한두 번 정도 겪는 일이기에 사건이 생기면 그때 가서 처리하면 된다라고 생각할 수도 있지만 어떤 과정인지와 무엇을 준비해야 하는지를 미리 알고 사는 동안 대비해 둔다면 남은 가족들이 정리하는 시간도 줄어들 것이다.

마지막으로 상속세 신고 시 각 상속재산 및 부채 항목에 따른 기본적인 필요 서류에 대해 표로 정리하였다.

[상속세 신고 시 필요 서류]

구분	상속재산	필요 서류	서류 구비 방법
기본 서류		- 피상속인 기본증명서(사망 사실 기재), 제적등본, 가족관계증명서, 주민등록말소자초본 - 각 상속인 주민등록등본, 가족관계증명서 - 사망진단서 - 장례 비용 명세(5백만 원 초과 시) - 봉안시설 영수증 - 유언장, 재산분할협의서, 상속포기신고서	- 구청 및 주민센터 - 병원
상속 재산	부동산	- 상속개시일 현재 부동산 목록 등기부등본, 토지대장, 건축물관리대장 - 임대차계약서(임차보증금 확인) - 분양계약서 - 부가가치세 신고서 - 감정평가서(부동산을 감정평가한 경우)	- 인근 구청이나 주민센터에 방문신청 및 온라인신청 → 안심상속 원스톱서비스(사망자 등 재산조회 서비스) - 감정평가사(감정평가법인)
	차량	- 자동차등록원부 사본	
	상장주식	- 보유 주식 목록 및 잔고 내역 - 사망일 전후 각 2개월 종가평균계산서	- 증권사에 요청
	비상장 주식	- 평가에 필요한 서류: 최근 3년 자료(재무제표, 세무조정계산서, 사망일 현재 결산서)	- 세무사 또는 회계사
	예금·적금 증권·신탁	- 계좌별 예금잔고증명서(사망일 기준) - 계좌별 10년간 거래내역	- 금융기관별 수령
	기타 유가증권	- 전환사채, 신주인수권부사채, 주식매수선택권(스톡옵션)	
	골프·콘도 회원권	- 양수도 계약서 - 회원권 증서	

세무사들이 들려주는 **상속 증여 절세 비책**

	사전증여 재산	- 사전증여재산에 대한 결정 정보 - 10년 이내 증여재산(무신고분)	- 홈택스 및 관할세무서
	퇴직금, 보험금	- 퇴직금, 미수령 급여 확인서 - 보험 해약환급금 확인서, 보험금 지 급 내역서 등	- 재직 중이었던 회사 - 보험회사
	기타	- 사망 전 2년 이내 처분한 부동산, 회 원권 등 매매계약서	
부채	금융부채	- 대출 통장, 부채 잔액증명서(사망일 기준)	- 금융기관 확인
	사채	-차용증 등 채무입증서류	
	임대보증금	- 임대차계약서	
	퇴직금 등	- 퇴직금·급여 미지급액	- 개인 사업 운영 시 해당 회사

2-4

상속과 증여에 대해 미리 계획해야만 하는 이유 (상속 증여를 미리 계획했을 때의 이점)

사망으로 인해 발생하게 되는 상속세에 대해 미리 고민한다는 것은 참 어려운 일이다. 그리고 상속세를 고민하기 전에 자신이나 부모님의 죽음을 생각한다는 것 또한 힘든 일이다. 그럼에도 불구하고 왜 세무전문가들은 상속에 대해 미리 계획하고 대비해야 한다고 할까? 가장 큰 이유는 당연히 사전의 계획함으로 인해 상속에 따른 세 부담을 감소시킬 수 있기 때문이다. 그리고 그 외에도 몇 가지 이점이 더 있는데 이를 살펴보자.

첫째, 세금을 줄일 수 있다.

당연한 말이지만 상속과 증여에 대해 미리 계획을 하는 경우의 가장 큰 이점은 바로 세금이 줄어든다는 것이다. 현행 상속세 체계는 유산세 방식과 누진세율을 채택하고 있다. (물론 최근에 정부에서는 유산취득세로 변경을 검토하고 있는 단계이긴 하나 아직까지는 변경되진 않았다.)

유산세 방식은 피상속인의 전체 재산에 대해 일괄로 과세하는 방식이다. 그리고 누진세율로 세금을 부과하고 있다. 상속세 과세표준의 가액에 따라 1억 이하의 경우 10%부터 30억 이상은 50%의 세율을 적용한다(다음의 표 참고). 따라서 아무런 계획 없이 상속인 혼자만 재산을 가지고 있다가 세상을 떠나게 되면 상속개시일 현재의 피상속인의 모든 재산이 상속세 과세대상이 된다.

또한 미리 일부 재산을 증여했다고 하더라도 상속개시일 이전 10년 이내에 증여한 재산이 있다면 이 또한 상속재산에 다시 포함되어 상속세를 재계산하게 된다. 그렇기 때문에 전문가들은 상속이 예상되기 10년 전부터 미리 상속에 대한 계획을 세우고 사전증여를 통해 상속세 대상이 되는 본인의 재산을 계획을 세우고 줄이라고 조언하는 것이다.

과세표준	세율
1억 원 이하	10%
1억 원 초과 5억 원 이하	20%
5억 원 초과 10억 원 이하	30%
10억 원 초과 30억 원 이하	40%
30억 원 초과	50%

둘째, 상속인들 간의 분쟁을 줄일 수 있다.

피상속인의 사망으로 인해 상속이 발생하면 상속인들은 상속받은 재산을 배분하는 과정을 거치게 된다. 이러한 배분 과정이 가족들 사이에 원만하게 이루어진다면 좋겠지만 그렇지 않은 경우도 종종 있다. 모든 문제의 끝에는 돈이 있다는 말이 있다. 사전에 분배에 관하여 정리되지 않은 갑작스럽게 남겨진 재산은 상속인 사이에 분쟁의 씨앗이 될 수도 있다.

상속재산에 대한 분쟁이 생기게 되면 소송 등으로 시간과 돈을 허비하는 경우도 있고, 감정적으로 상하게 되면 가족 관계가 깨지는 경우도 발생한다. 이는 상속 금액의 많고 적음을 떠나 남겨진 재산에 대한 생각이 상속인마다 다 다르기 때문이다. 따라서 생전에 재산 분배에 대한 계획을 세워 가족 간에 미리 협의를 해 두는 것이 가족 간의 분쟁을 줄이는 데 도움이 될 것이다.

셋째, 재산 정리의 어려움을 줄일 수 있다.

한국의 부모 세대는 재산의 대부분이 부동산에 집중되어 있는 경향이 있다. 그런데 이러한 상황에서 상속이 발생하여 부동산을 상속받게 되어도 상속세는 현금으로 납부해야 한다. 물론 물납이라는 제도가 있긴 하지만 요건을 충족하기가 만만치 않다. 그렇기에 현금자산이 없이 부동산만을 상속받게 되면 상속인들은 상속세를 납부하기 위해 대출을 받거나 상속받은 부동산을 처분하여 상속세를 납부해야 한다. 부동산이 많아서 일부를 처분하고 상속세를 납부하면 좋겠지만 처분이 어려운 상황이거나 대출도 쉽게 나오지 않는다면 남겨진 가족은 상속으로 인해 어려움을 겪을 수 있다. 따라서 이러한 부분에 대해 미리 계획하고 준비해야만 한다.

또한 금융재산의 경우에도 계좌 내용이 복잡하거나 수많은 계좌에 분산되어 있다면 상속 시에는 상속인들이 상속재산이 들어 있는 금융기관 하나하나를 다 찾아가서 계좌를 해지하고 금융재산을 이전해야 하는 번거로움이 있다. 따라서 생전에 미리 계좌를 정리해 둔다면 남아 있는 사람들도 고인의 재산을 정리하는 시간을 줄일 수 있을 것이다.

넷째, 상속세 세무조사로 인한 스트레스를 줄일 수 있다.

상속세와 증여세는 일반적으로 알고 있는 소득세나 부가가치세처럼 신고납부 세목이 아니라 국가에서 부과 결정하는 세목이다. 따라서 국가에서 납세자의 신고 내용이 정확한 것인지를 점검할 수밖에 없다. 이를 점검하는 과정이 상속세 세무조사이다.

일반적으로 피상속인이 배우자가 있는 경우 상속재산이 10억 원 이상(배우자가 없는 경우에는 5억 원 이상)이면 상속세가 과세되기 때문에 세무서에서는 세무조사를 통해 상속세를 결정한다.

그런데 상속세 세무조사를 하는 과정에서 세무서는 피상속인의 사망일로부터 10년간의 계좌 거래내역을 조회해 볼 수 있고, 그 내용 중에서 사전증여가 의심되는 부분이 있거나 인출은 되었지만 사용처가 불분명한 부분이 있으면 그 내용에 대해 상속인에게 소명을 요청한다. 이러한 과정에서 상속인이 내용을 알고 소명할 수 있으면 다행이지만 모르는 내용이라고 한다면 그 또한 스트레스가 되며, 본인이 상속받지 않았어도 소명하지 못하는 경우 억울한 세금을 내야 할 수도 있기 때문에 상속세 세무조사에 대해 미리 대비하는 것이 중요하다.

이처럼 대비하지 않는 것보다 사전에 미리 계획하고 대비하는 것은 떠나가는 사람에게나 남겨진 사람들에게 많은 이점이 있다. 물론 계획한다고 다 계획대로 되는 것은 아니겠지만 삶에 끝이 없는 것처럼 살다가 갑자기 끝을 맞이하는 것보다는 미리 대비하는 것이 나을 것이다.

2-5

유류분과 상속세

재산의 상속에 대해 사전에 계획을 세우고 정리하는 것은 매우 중요한 데 그와 관련한 간단한 사례를 한번 같이 살펴보며 사전계획과 유류분에 대해서 알아보자.

10여 년 전부터 A 씨는 아버지가 20년 전에 설립한 중소기업(아버지가 100% 주식을 소유)에서 일하고 있다.

현재는 A 씨가 대표이사직을 수행하며 회사를 운영하고 있고 회사는 날로 번창하고 있다. 그런데 어느 날 아버지는 새로운 인연을 만나게 되셨고 재혼을 하고 싶다는 의사를 밝히셨다.

형제가 없던 A 씨에게 아버지가 돌아가시게 되더라도 함께 고생해서 일으킨 회사는 당연하게 본인이 모두 물려받을 것이라고 생각했는데 세무사와 상담하면서 법정지분대로 상속이 된다면 새어머니가 지분을 더 많이 상속받게 될 수 있어서 회사 운영과 무관한 새어머니가 회사의 주인이 될 수 있다는 것을 알았다.

참고로 아버지는 회사를 성장시키는 과정에서 집안의 재산을 모두 회사의 운영 투자자금으로 사용하여 상속개시일 당시 재산은 주식 말고 다른 것은 거의 없다.

A 씨는 이 문제를 어떻게 해결해야 할까? 아버지 생전에 내가 먼저 증여를 받아야 하나? 아니면 회사의 지분은 내가 받을 수 있게 유언을 남겨 달라고 해야 하나? 여러 가지 생각들이 머릿속에 떠오를 수 있다. 그런데 이러한 방법들을 통해 사전에 증여받거나 유언을 통해 분배해 놓으면 고민하는 문제가 해결될 수 있을까?

세무사에게 이러한 방법이 도움이 될 수 있는지를 상담하였더니 유언으로 내가 다 받아도 유류분이라는 것이 있어서 아무리 유언으로 모든 주식을 A 씨에게 상속을 하려 해도 소송에 휘말릴 수 있다는 이야기를 듣게 되었다. 어떻게 해야 하는지 아버지께 이러한 사항들을 말씀드렸고 아버지도 상당 부분 수긍하시지만 재혼 하여 법적 부부가 되고 싶다고 말씀하신다.

본인의 재산을 처분, 상속하는 것은 법률상 금지 없이 자유롭게 할 수 있다. 하지만 상속인의 입장에서 본다면 피상속인의 재산을 일군 것에 대해서 공동의 노력(배우자)이 들어가고 나이가 어린 자녀들인 경우 상속을 하나도 받지 못할 경우 생계가 어려워질 수 있는 문제 등이 있다. 그러기에 민법에서는 가족 구성원의 생활 안정 등의 사정을 고려하여 상속인의 법정상속지분의 일부(배우자와 직계비속은 1/2, 직계존속과 형제자매는 1/3)를 다른 피상속인을 상대로 상속재산의 유류분으로 반환을 청구할 수 있게 하였다.

유류분 반환청구로 상속재산을 반환받는 경우 당해 재산은 증여 당시로 소급하여 무효가 되며 당해 재산을 청구인이 상속받게 된다. 그렇다면 상속세는 어떤 변화가 있을까? 먼저 당초 증여받은 수증자가 납부한 증여세는 환급받을 수 있다. 이는 증여 자체가 무효가 되기 때문이다.

두 번째는 상속개시일 전 10년 이전의 증여라면 상속세 신고 시 제외되었을 것인데 유류분 청구로 인해 상속재산에 포함되면 이때의 재산가액은 상속개시일의 시가를 적용하여 상속세를 계산하게 된다. 상속재산의 증가한 만큼 상속세가 증가할 것이다.

세 번째는 상속개시일 전 10년 이내이어서 상속재산에 포함된 경우에도 증여 당시의 증여가액을 상속재산에 포함하여 상속세 계산을 하였을 것인데 상속개시일의 시가로 다시 계산된 가액으로 상속세를 신고하여야 한다.

네 번째로 유류분 청구 대상이 부동산인 경우 이를 현물반환이 아닌 현금으로 수령하는 경우 현금수령가액으로 청구인이 다른 상속인에게 양도한 것으로 보게 되어 있으므로 유류분 청구자는 양도소득세 신고를 해야 하며 당연히 상속재산가액보다 현금수령액이 많은 경우에는 양도소득세도 발생하게 될 것이다.

A 씨의 경우 아버지가 재혼을 하여 법적으로 부부가 된다면 어쩔 수 없이 상당 부분의 재산을 유류분으로 새어머니에게 상속이 될 수밖에 없는데 A 씨의 아버지는 이러한 문제 때문에 강력한 A 씨의 반대를 무릅쓰고 재혼을 할 수 있을까?

민법에서는 유언대용신탁제도를 두고 있는데 유언대용신탁은 유언 또는 유언신탁과는 다르게 유류분 청구의 대상에서 제외되고 있다. 유언대용신탁 제도를 활용한다면 A 씨도 아버지도 모두 만족하는 결과를 만들 수 있을 것이다.

2-6

증여 시 취득세

사전에 계획을 세운다고 해도 세법은 계속해서 변하기 때문에 증여나 상속이 실제로 발생할 때의 세법을 다시 확인하여 진행하는 것은 반드시 필요하다. 이와 관련한 간단한 사례를 통해 알아보자.

경기도에서 병원을 운영 중인 A 씨는 곱게 키운 딸이 결혼하게 되었다 결혼하는 딸을 위해서 오래전부터 준비해 둔 아파트를 증여를 하고 싶다.

아파트의 시세는 5.5억 원인데 시가표준액은 3억에 불과하였다. 증여세는 시가로 신고해야 한다기에 이를 반영하여 증여를 하기 위한 증여세도 준비를 해 두었고 증여세를 납부하기에도 딸은 충분한 급여를 받고 있어서 모든 준비를 마쳤다고 생각하고 증여를 진행하였다. 그런데 예상했던 것과는 다른 문제가 기다리고 있었다.

A 씨가 예전에 알아본 바로는 증여 시 증여세는 시가로 신고해야 하지만 증여에 대한 취득세는 시가표준액(공동주택 가격)으로 신고할 수 있다고 상담을 받아서 그대로 자금 계획을 한 것이었는데 이게 웬 말인가 2023년 1월 1일부터는 지방세법이 개정되어 시가표준액이 아닌 증여세를 신고할 때의 가액인 시가인정액을 과세표준으로 하여 취득세를 산정한다는 것이 아닌가? 규정이 신설된 줄도 모르고 과거의 기억을 바탕으로 진행한 본인의 잘못이지만 억울한 심정을 감출 수 없었다.

지방세법 조문 중 2021년 12월 28일 신설된 규정으로 부동산을 무상취득하는 경우 취득당시가액을 시가인정액(매매사례가액, 감정가액, 공매가액 등)으로 한다는 내용이 신설되었다. 과거에는 시가표준액을 과세표준으로 하였는데 문재인 정부 시절 부동산 투기수요 억제의 일환으로 증여로 인한 탈세를 막고자 신설한 규정 중 하나이다. 앞으로는 증여 시 증여세는 물론이고 취득세도 시가인정액을 기준으로 세금을 계산해야 한다는 것이다.

이 규정은 2023년 01월 01일부터 시행되는 사항으로 A 씨는 23년 증여를 하게 되어 취득세의 산정기준이 시가표준액인 3억이 아닌 시가인 5.5억을 과세표준으로 하여 취득세율 3.5%를 적용하는 것이 맞다.

이 규정이 신설되기 이전에는 증여 시 증여세는 재산의 평가 기준이 시가임에도 불구하고 취득세의 과세표준은 시가표준액이었기에 취득세는 세율이 높긴 했어도 부담이 적었지만 앞으로는 취득세 부담이 더욱 가중될 것이다.

A 씨는 위와 같이 새롭게 상담을 받은 후 다른 고민이 생겼는데 본인이 가지고 있는 부동산이 더 있는데 앞으로 상속이 진행되게 된다면 상속세도 있는데 상속으로 인해 차후에 부인과 아이들이 취득 시 취득세가 또 시가로 평가한 가액을 기준으로 한다면 상속으로 인한 취득세가 더욱 많아지는 것이 아니냐며 고민을 토로했다.

위의 규정이 신설되면서 무상취득에 대해서 취득세를 부담시키겠다는 것인데 무상취득 중 증여에 무게를 두고자 예외 규정을 만들었고 다음의 경우에는 기존의 방식대로 시가표준액을 기준으로 취득세를 산정하는 것이다.

예외 규정의 하나는 상속으로 인한 취득이며 다른 하나는 증여로 취득하는 부동산의 시가표준액이 1억 이하인 경우이다. 그렇기에 A 씨가 사망하게 되어 남은 부동산에 대해서 상속이 이루어지는 경우에도 상속으로 인해 발생하는 취득세의 과세표준액은 시가표준액을 기준으로 산정될 것이다.

세법은 여러 사항을 포괄적으로 규정하고 있기 때문에 해석이 어렵고 적용 시 유의해야 할 부분이 많다. 따라서 세무전문가의 상담이 반드시 필요한데 여기에 더불어서 어려운 세법이 매년 바뀐다는 것이다. 그렇기 때문에 과거 상담을 받은 경우라고 하더라도 실행하기 전에 세무전문가와 다시 상담을 하면서 함께 진행하는 것이 바람직할 것이다.

2-7

자녀의 결혼으로 인하여 발생하는 증여 문제 (전세자금, 결혼자금, 축의금)

A 씨는 자녀 B의 결혼식을 앞두고 있다.

B는 사회생활을 시작한 지 얼마 되지 않았기 때문에 수중에 모아 놓은 자금이 부족한 상황이어서 부모인 A 씨에게 신혼집 마련에 따른 전세금에 대한 고민을 털어놓았다. 주변에서는 A 씨에게 B의 전세자금을 마련해 줘도 문제 되지 않는다고 하여 고민하고 있다.

사회초년생인 B의 사정을 고려하여 결혼식을 준비하는 과정에서 들어가는 예단이나 혼수에 대한 부분을 A 씨가 자금을 지원해 줘도 되는지와 결혼식에서 받게 되는 A 씨에게 들어온 축의금을 B에게 모두 줘도 문제가 없는지를 궁금해하고 있다.

① 전세자금을 실질적으로 증여한 경우

전세자금을 실질적으로 증여한 경우에는 해당 전세금은 증여세 과세대상이 된다. 이런 사실에 대해 상담 시 안내하면 고객분들은 주로 "사회 통념상 전세자금 정도는 마련해 줄 수 있는 것 아니냐."고 하거나 "주변에는 다 그렇게 해도 문제없다더라."라고 하신다. 그러나 현행 세법과 관련 예규판례를 살펴보면 전세자금의 실질적으로 자녀에게 지급한다면 이는 증여에 해당되고 해당 사실이 드러나게 되면 과세관청은 세법에 따라 세금을 부과할 수 있다. 따라서 이를 무시하고 관행상 문제없을 것이라고 전세자금을 증여하는 경우에는 증여세뿐만 아니라 가산세 등을 부과받게 된다는 것을 유념해야 한다.

② 전세자금을 일시적으로 대여한 경우

전세자금을 일시적으로 대여한 경우에는 특수관계자 간의 자금 대여이기 때문에 법에서 정한 이자를 수취해야 한다. 그런데 이자를 법에서 정한 이자율보다 낮게 받거나 무이자로 빌려준다면 법에서 정한 이자율과 실질 지급받은 이자율과의 차이만큼 증여로 보게 되고 이에 대해 증여세가 부과될 수 있다. 다만 연간 이자가 1천만 원 미만인 경우 증여세가 부과되지 않는다. 또한 지급받게 되는 이자는 비영업대금의 이익에 해당하므로 지급자는 지급하는 이자의 27.5%를 원천징수하여 국세청에 신고납부하고 지급받는 자는 타소득과 합산하여 종합소득세를 신고해야 한다.

③ 사회 통념을 넘어서는 예단 등 혼수 비용에 관하여

결혼식을 진행하는 과정에서 예단 혼수 등이 사회 통념을 넘는 금액이라면 이 또한 증여로 보고 증여세가 과세된다.

④ 축의금의 귀속 문제

결혼식을 통해 얻게 되는 축의금도 귀속에 따라서 소득자를 나누게 된다. 따라서 부모에게 들어온 축의금을 자녀에게 준다면 이 또한 증여세 부과 대상이 된다는 사실을 유념해야 할 것이다.

위의 사례를 통해 알 수 있는 것은 어떤 특정 시점에 자녀들에게 자금이 필요하다고 해서 큰 금액을 일시에 증여하게 될 경우 그에 따른 증여세가 발생할 수 있다는 것이다.

따라서 자녀가 결혼으로 인해 자금이 필요하게 되었을 때 급하게 증여를 하지 말고 미리 계획하에 증여공제 범위 내(10년에 5천만 원 공제, 미성년자는 2천만 원) 혹은 자금 여유가 된다면 증여 시 10% 증여세율 구간을 적용받는 한도 내에서 증여를 하는 것이 절세의 지름길이 될 것이다.

2-8

국세청 자금출처조사는 무엇인가?

　상속 증여와 관련한 상담을 하다 보면 납세자분들이 가장 많이 물어보시는 것 중 하나가 신고 없이 증여하는 것이 문제가 될 것인지를 묻는 질문이다. 과거에는 국세청이 놓치는 부분도 있긴 하였으나 지금은 국세청에서 가지고 있는 막대한 자료와 빅데이터를 다룰 수 있는 전산 시스템이 있기 때문에 실질적인 증여가 일어났는데도 신고하지 않게 되면 국세청으로부터 자금출처조사 서면통지를 받게 될 가능성이 매우 높다.

> A 씨는 아직 결혼을 하지 않은 두 자녀(B, C)의 명의로 주택을 구입을 구입하고자 한다. (지분비율 5:5)

주택가액은 10억 원이고, 일단 자금부족으로 해당 주택에 대해 전세 (6억 원)를 주고 나머지 자금(4억 원, 자녀당 2억 원)에 대해서는 어떤 방식으로 마련해야 할지 고민 중에 있다.

B는 현재 취업을 하고 있고 본인의 소득이 있는 상황이지만 C는 아직 학생 신분이며 별도의 신고된 소득은 없는 상황이다.

B는 부족 자금을 대여한 것으로 차용증을 작성하고 매달 일정 금액을 상환받았다. 그런데 C는 실질적인 증여이긴 하지만 신고를 할 경우 세금이 3천만 원가량 나온다는 이야기를 듣고 망설이다가 증여세 신고를 하진 않고, 일단 차용증은 작성해 두었다.

주택을 취득하고 시간이 지나 아무 문제가 없다고 생각했는데 최근에 C가 국세청으로부터 주택 취득자금과 관련한 자금출처조사를 하겠다는 안내문을 받았다는 이야기를 듣게 되어 걱정을 하고 있다.

위의 사례처럼 자금출처조사를 받게 되면 재산 취득과 관련한 자료를 100% 제출해야만 한다. 일반적인 경우 자금출처에 대한 조사를 진행하게 되면 아래와 같은 방식(표는 총괄표로 전체 기간별 자금 흐름을 보여 주기 위한 것이고 연도별 자금 흐름과 개별 자산 취득에 직접 대응하는 소득의 원천 또한 검증한다.)으로 자금의 운용과 해당 자금의 원천에 대해 납세자가 입증해야 한다.

실질적으로 증여했음에도 이를 누락하여 자금출처조사를 통해 자금의 원천에 대해 입증하지 못한 경우 납세자는 증여세와 가산세를 부담하게 되는 상황에 처할 수도 있게 된다.

(단위: 백만 원)

자금의 운용		자금의 원천	
구분	금액	구분	금액
자금 운용 계	2,290	자금 원천 계	2,800
동교동 Apt 취득	2,000	소득 금액(세후)	200
카드 사용액 (사업 경비 제외)	60	증여	300
		임차보증금 회수	800
자동차 취득	30	대출 잔액	1,000
금융자산	200	금융자산	500

그렇다면 국세청은 어떻게 알고 자금출처조사를 진행하는 것일까? 나는 괜찮겠지 생각했는데 왜 나에게만 이런 조사가 나오는 것일까? 일단 먼저 국세청이 어떠한 정보를 확보하고 있는지를 살펴보고 이에 따라 납세자는 어떻게 행동하는 게 좋을지를 생각해 보자.

국세청은 다음과 같은 제도와 시스템을 통해 납세자의 재산 변동 내용에 대한 방대한 양의 정보를 가지고 있다.

(1) PCI 분석 시스템(Property, Consumption, Income analysis system)

국세청은 PCI 분석 시스템을 통해 납세자들의 소득(Income)과 소비(Consumption) 대비 재산((Property)의 증가를 비교 분석하여 이를 근거로 소득 탈루 및 증여세 신고 누락 등을 찾아내고 있다.

국세청은 소득세의 신고 내용을 통해 납세자들의 종합소득(이자, 배당, 근로, 사업, 부동산 임대, 기타), 양도소득, 상속 및 증여받은 재산가액 등 개개인들의 재산 증가 내역을 확보하고 있다. 또한 개인의 신용카드 사용 내역 및 의료비 교육비 사용 내역, 4대보험 납부 내역, 현금영수증 수취 내역, 납세 내역 등을 통해 지출에 대한 정보 또한 가지고 있다. 따라서 소득에서 지출을 차감하고 남은 재산 내역과 비교했을 때 취득한 자산과 차이가 크다면 국세청은 자산 취득과 관련한 자금의 출처를 소명하라는 안내를 보내게 된다. 이는 법률에 근거한 것이기 때문에 납세자 입장에서 회피할 수 있는 것이 아니다. 그렇기 때문에 납세자들은 국세청이 이미 드러난 자료 등에 대해서 다 자료를 확보하고 있다는 것을 알고 대비해야 할 것이다. 국세청이 사소한 것은 모르고 지나가겠지 하는 착각에 빠져서는 안 된다.

(2) 특정금융거래정보자료(FIU 자료)

금융정보분석원(Financial Intelligence Unit, FIU)은 기획재정부 소속으로 금융기관으로부터 자금세탁 관련 의심거래 보고 등 금융정보를 수집 분석하여, 이를 법집행기관에 제공하는 중앙 국기기관이다. 국세청은 금융정보분석원으로부터 특정인의 비정상적인 금융거래정보를 제공받아 과세자료로 활용한다. 국세청이 제공받는 자료는 크게 의심거래보고(STR), 고액현금거래보고(CTR)로 수집된 자료를 전달받게 되는데 이는 아래와 같다.

의심거래보고제도(Suspicious Transaction Report, STR)란, 금융거래와 관련하여 수수한 재산이 불법재산이라고 의심되는 합당한 근거가 있거나 금융거래의 상대방이 자금세탁행위를 하고 있다고 의심되는 합당한 근거가 있는 경우 이를 금융정보분석원장에게 보고토록 한 제도이다.

고액현금거래보고제도(Currency Transaction Reporting System, CTR)는 일정 금액 이상의 현금거래를 FIU에 보고토록 한 제도이다. 1일 거래일 동안 1천만 원 이상의 현금을 입금하거나 출금한 경우 거래자의 신원과 거래 일시, 거래 금액 등 객관적 사실을 전산으로 자동 보고하도록 하고 있다.

FIU 자료를 통해 납세자의 이상자금의 거래 흐름을 파악하고 과세자료로 활용하고 있기 때문에 계좌거래 시에도 주의가 필요하다.

(3) 자금조달계획서

① 주택취득 자금조달 계획서 및 입주계획서

투기과열지구 내 주택을 매입할 경우(비규제지역의 6억 원 이상의 주택거래 시 포함) 주택취득자금 조달 및 입주계획서를 시군구청에 제출해야 한다. 계약 체결일로부터 30일 이내에 제출해야 한다. 신고하지 않을 경우 5백만 원 이하의 과태료가 부과될 수 있다.

주택취득자금 조달 및 입주계획서

※ 색상이 어두운 난은 신청인이 적지 않으며, [ ]에는 해당되는 곳에 √표시를 합니다.　(앞쪽)

접수번호			접수일시		처리기간	

제출인 (매수인)	성명(법인명)		주민등록번호(법인 · 외국인등록번호)	
	주소(법인소재지)		(휴대)전화번호	

① 자금 조달계획	자기 자금	② 금융기관 예금액　　　　　　　원	③ 주식 · 채권 매각대금　　　　　원
		④ 증여 · 상속　　　　　　　　　원	⑤ 현금 등 그 밖의 자금　　　　원
		[ ] 부부 [ ] 직계존비속(관계: 　) [ ] 그 밖의 관계(　　　　)	[ ] 보유 현금 [ ] 그 밖의 자산(종류: 　　)
		⑥ 부동산 처분대금 등　　　　　원	⑦ 소계　　　　　　　　　　　　원
	차입금 등	⑧ 금융기관 대출액 합계	주택담보대출　　　　　　　　　원
			신용대출　　　　　　　　　　　원
		원	그 밖의 대출 (대출 종류: 　　　)　　원
		기존 주택 보유 여부 (주택담보대출이 있는 경우만 기재) [ ] 미보유　　[ ] 보유 (　건)	
		⑨ 임대보증금　　　　　　　　　원	⑩ 회사지원금 · 사채　　　　　　원
		⑪ 그 밖의 차입금　　　　　　　원	⑫ 소계　　　　　　　　　　　　원
		[ ] 부부 [ ] 직계존비속(관계: 　) [ ] 그 밖의 관계(　　　　)	
	⑬ 합계		원

⑭ 조달자금 지급방식	총 거래금액　　　　　　　　　　　　　　　　　　　　　　원
	⑮ 계좌이체 금액　　　　　　　　　　　　　　　　　　　　원
	⑯ 보증금 · 대출 승계 금액　　　　　　　　　　　　　　　원
	⑰ 현금 및 그 밖의 지급방식 금액　　　　　　　　　　　　원
	지급 사유 (　　　　　　　　　　　　　　　　　　　　)

⑱ 입주 계획	[ ] 본인입주 [ ] 본인 외 가족입주 (입주 예정 시기: 　년 　월)	[ ] 임대 (전 · 월세)	[ ] 그 밖의 경우 (재건축 등)

「부동산 거래신고 등에 관한 법률 시행령」 별표 1 제2호나목, 같은 표 제3호가목 전단, 같은 호 나목 및 같은 법 시행규칙 제2조제6항 · 제7항 · 제9항 · 제10항에 따라 위와 같이 주택취득자금 조달 및 입주계획서를 제출합니다.

　　　　　　　　　　　　　　　　　　　　　　　　　　　　　　년　　월　　일

　　　　　　　　　　　　　제출인　　　　　　　　　　　　　　(서명 또는 인)

시장 · 군수 · 구청장 귀하

210mm×297mm[백상지(80g/㎡) 또는 중질지(80g/㎡)]

2장 상속, 증여 생각 없이 하면 세금 폭탄을 피할 수 없다　**89**

② 토지 취득자금 조달 및 토지이용계획서

2022년 2월 28일 이후 수도권, 광역시, 세종시의 1억 원 이상(지분거래의 경우 금액 무관)의 토지를 취득하기 위해 거래계약을 체결한 경우(그 밖의 지역은 6억 원 이상의 토지거래 시) 토지취득 자금조달계획서 및 이용계획서를 시군구청에 제출해야 한다. 계약 체결일로부터 30일 이내에 제출해야 한다.

주택취득자금 조달 및 입주계획서 그리고 토지취득자금 조달 및 토지이용계획서를 보게 되면 주택 취득과 관련한 자기자금과 차입금 등의 내용을 모두 기록하게 되어 있다. 이러한 신고를 통해 확보된 자료 내용과 국세청에서 파악하고 있는 납세자의 소득과 지출에 대한 내용을 비교했을 때 비정상적인 내용에 대해서는 자금출처조사를 받게 될 수 있다.

토지취득자금 조달 및 토지이용계획서

※ 색상이 어두운 난은 신청인이 적지 않으며, [ ]에는 해당되는 곳에 √표시를 합니다.　　　　　　(앞쪽)

접수번호			접수일시		처리기간	
제출인 (매수인)	성명(법인명)			주민등록번호(법인 · 외국인등록번호)		
	주소(법인소재지)			(휴대)전화번호		
① 자금 조달계획	자기 자금	② 금융기관 예금액 　　　　　　　　　원		③ 주식 · 채권 매각대금 　　　　　　　　　원		
		④ 증여 · 상속 　　　　　　　　　원		⑤ 현금 등 그 밖의 자금 　　　　　　　　　원		
		[ ] 부부 [ ] 직계존비속(관계:　　)		[ ] 보유 현금		
		[ ] 그 밖의 관계(　　　　　)		[ ] 그 밖의 자산(종류:　　　)		
		⑥ 부동산 처분대금 등 　　　　　　　　　원		⑦ 토지보상금 　　　　　　　　　원		
		⑧ 소계 　　　　　　　　　원				
	차입금 등	⑨ 금융기관 대출액 합계	토지담보대출			원
			신용대출			원
			그 밖의 대출			원
		원		(대출 종류:　　　　　)		
		⑩ 그 밖의 차입금 　　　　　　　　　원		⑪ 소계		
		[ ] 부부 [ ] 직계존비속(관계:　　)				
		[ ] 그 밖의 관계(　　　　　)				원
	⑫ 합계					원
⑬ 토지이용계획						

「부동산 거래신고 등에 관한 법률 시행령」 별표 1 제4호 · 제5호 및 같은 법 시행규칙 제2조제8항부터 제10항까지의 규정에 따라 위와 같이 토지취득자금 조달 및 토지이용계획서를 제출합니다.

　　　　　　　　　　　　　　　　　　　　　　　년　　월　　일

제출인　　　　　　　　(서명 또는 인)

시장 · 군수 · 구청장 귀하

(4) 전월세 신고제도

21년 6월 1일에 시행된 전월세 신고제도는 수도권 및 광역시, 도(군 단위 제외), 세종특별시, 제주특별자치도에 있는 주택의 임대차 계약이 있을 경우(보증금 6천만 원 또는 월차임 30만 원을 초과하는 주택 임대차 계약) 계약 체결 후 30일 이내 해당 주택 임대차 계약서를 신고해야 하는 제도이다.

전월세 신고제도는 시행된 지 얼마 되지 않아서 아직은 그 활용도가 떨어질 수 있으나 시간이 지날수록 데이터가 누적되게 되면 이 또한 국세청의 과세자료로 활용될 가능성이 매우 높다고 생각한다.

이처럼 많은 제도들을 통해서 국세청은 납세자의 다양한 재산상 정보를 획득하고 있고 이러한 자료들을 바탕으로 탈세를 잡아내는 데 활용하고 있다. 제일 좋은 절세 방법은 법에 따른 정확한 신고일 것이다. 나는 괜찮겠지 또는 금액이 작으니 문제 되지 않을 것이라는 생각은 추후 금전적인 피해로 돌아오니 앞의 제도들을 다시 한번 살펴보시고 신고 여부를 잘 따져 봐야 한다.

3장

상속세 계산과 사례

3-1

상속이란 무엇이고 상속세는 무엇인가?

(1) 상속세란?

상속이란 자연인이 사망하거나 실종되어 일신전속권을 제외하고 상속인에게 모든 재산에 관한 포괄적 권리의무가 승계되는 것을 말한다. 증여는 상속이 개시되기 전 즉, 살아생전에 재산을 반대급부 없이 무상으로 이전하는 것을 말한다.

상속세란 상속개시로 피상속인(사망자)의 재산이 가족이나 친족 등에게 무상으로 이전되는 경우에 당해 상속재산에 대하여 부과하는 세금을 말한다.

여기서 피상속인이 상속개시일 현재 거주자인지 비거주자인지 여부에 따라 과세대상 범위가 달라진다. 거주자인 경우는 국내 및 국외에 있는 모든 상속재산이 과세대상이 되고 비거주자인 경우는 국내에 있는 모든 상속재산이 과세대상이 된다.

① 거주자와 비거주자의 판단

거주자- 국내에 주소를 두거나 183일 이상 거소를 둔 사람.

* 거주자의 판단은 형식상의 주소 및 체류 기간만으로 판단되는 것은 아니다. 생계를 같이하는 가족 및 직업 특성, 자산의 유무 등 생활 관계의 객관적 사실에 따라 판정되니 유의해야 한다.

비거주자- 거주자가 아닌 사람.

(2) 상속세 납세의무자는?

상속세 신고·납부의무가 있는 납세의무자에는 상속을 원인으로 재산을 물려받는 '상속인'과 유언이나 증여계약 후 증여자의 사망으로 재산을 취득하는 '수유자'가 있다.

(3) 상속세 신고납부는 언제까지 해야 하나?

피상속인이 거주자인 경우- 상속개시일이 속하는 달의 말일부터 6개월 이내.

피상속인이나 상속인 전원이 비거주자인 경우- 상속개시일이 속하는 달의 말일부터 9개월 이내.

(4) 상속세 납부 책임은?

상속인이나 수유자는 세법에 의하여 부과된 상속세에 대하여 각자가 받았거나 받을 재산(=자산총액-부채총액-상속세액)을 한도로 연대하여 납부할 의무가 있다.

따라서 상속세 납세의무자 등 일부가 상속세를 납부하지 아니한 경우에는 다른 상속세 납부의무자들이 미납된 상속세에 대하여 자기가 받았거나 받을 재산을 한도로 연대납부할 책임이 있다. 연대납부의무에 따라 자신의 한도 내에서 다른 상속인의 상속세를 부담해도 증여세 과세 등의 문제는 없다.

(5) 상속세 계산 구조

상속세는 상속재산가액을 기초로 상속세과세가액이 산정되고 상속공제액 등을 반영한 과세표준에서 상속세율에 따라 산정된다. 피상속인이 거주자인 경우 상속세가 산출되는 계산 흐름을 보자.

[상속세 계산 구조]

총 상속재산가액

－

비과세 및 과세가액불산입액

－

공과금·장례비용·채무

＋

사전증여재산

＝

상속세 과세가액

－

상속공제

－

감정평가수수료

＝

상속세 과세표준

×

세율

과세표준	1억 원 이하	5억 원 이하	10억 원 이하	30억 원 이하	30억 원 초과
세율	10%	20%	30%	40%	50%
누진 공제액	－	1천만 원	6천만 원	1억 6천만 원	4억 6천만 원

＝

상속세 산출세액

3-2

사례로 풀어 보는 상속세 계산 구조

(1) 상속세 첫걸음 상속받은 재산은 얼마짜리인가?

A 씨는 2021년 아버지가 돌아가시고 상속세 준비를 위해 상담을 의뢰했다. A 씨와 상속인은 아버지로부터 1000세대 규모 단지의 아파트와 단독주택을 상속받게 되었다. A 씨는 취득세는 기준시가(공동주택공시가격, 개별주택공시가격 등)를 기준으로 납부하면 된다고 확인했다고 한다. 상속세를 계산할 때도 기준시가로 계산하면 되는지 문의한다. 기준시가로 상속재산가액을 평가해도 될까?

상담을 할 때 의뢰인분들로부터 주로 처음 받는 질문은 "세금은 얼마예요?"이다. 세금이 얼마인지 바로 대답해 줄 수 있는 경우는 거의 없다. 세금을 알려면 과세표준과 관련된 기초 금액의 확정이 필요하다. 상속세의 경우 기초 금액이란 상속재산가액을 평가하는 것이다. 상속재산의 평가에 대해 알아보자.

상속재산의 평가는 시가를 원칙으로 하고 시가가 없는 경우에 한하여 상속세법에서 규정하는 보충적 방법으로 평가한다. 즉, 시가가 없는 경우에 한하여 일정 기준 값으로 평가한다는 것이다.

시가란 평가기간(상속개시일 전후 6개월)의 해당 상속재산의 매매 등(매매, 수용, 감정, 경매, 공매 가격)의 가격을 시가로 하고 매매 등의 가격이 없는 경우 유사한 다른 재산의 매매 등의 가격도 시가에 해당한다.

보충적 평가 방법이란 일반적으로 이해하고 있는 기준시가로 이해하면 된다. 아파트의 경우 공동주택 공시가격이다. 단, 임대차계약이 설정된 경우는 기준시가보다 임대료 환산가액이 높은 경우는 임대료 환산가액이 평가가액이 됨을 주의하자.

위 사례에서 의뢰인의 상속재산 중 아파트를 보자. 아파트는 1,000세대 규모의 아파트 단지로 평가기간 내 해당 상속재산의 시가가 존재하지 않는다 해도 아파트 단지 내 유사한 다른 재산(보통 단지 내 동일 평형으로 면적 및 기준시가 차이가 5% 이내의 것)의 매매가액, 감정가액, 수용가액, 감정가액, 공매가액 등이 존재하는 경우 시가로 평가됨으로 시가로 상속재산가액이 평가되는 것이 일반적이고 특수한 경우로 시가가 확인이 안 되는 경우 보충적 평가 방법으로 가능하다.

단독주택의 경우는 아파트와 달리 유사한 다른 재산이 존재하는 경우가 극히 드물다. 해당 단독주택의 시가가 없는 경우 유사한 다른 재산의 시가는 포함되지 않는 것이 일반적이다. 즉, 해당 단독주택의 시가가 있는 경우는 시가로 평가되고 시가가 없는 경우 보충적 평가 방법으로 평가된다.

결론적으로 아파트는 같은 단지 내 동일 평형대 세대가 매매되는 경우가 다수 있을 수 있음으로 시세대로 평가가 되는 것으로 생각해야 할 것이고 단독주택의 경우는 상속받는 해당 단독주택의 시가가 없는 경우 상속인의 선택에 따라 보충적 평가 방법으로 평가가 가능하다.

여기서 한 가지 더 고민해 봐야 하는 것이 있다. 상속재산의 평가기간이다. 원칙적으로는 상속개시일 전후 6개월의 기간으로 상속재산을 평가하지만 평가기간 밖의 시가라 하더라도 상속재산가액으로 평가할 수 있는 근거 규정이 있음에 유의하여야 한다.

평가심의위원회를 거쳐 상속개시일 전 2년, 상속개시일 후 신고(상속개시일의 말일로부터 6개월) 후 결정 기한(신고일로부터 9개월) 총약 3년 3개월의 기간 중 매매 등의 시가가 있는 경우 해당가액이 재산평가액으로 인정될 수 있다.

상속인 입장에서는 지극히 불합리할 수 있다. 과거 2년은 그렇다 하더라도 미래에 발생될 다른 유사재산의 매매에 따라 상속재산의 평가가 달라지고 그에 따라 상속세가 변동되는 불확실성을 감수해야 하니 말이다. 이런 경우 적극적으로 당해 상속재산의 감정평가를 고려해 보는 것도 나쁘지 않다고 생각한다. 예전에는 2곳 이상의 감정평가를 받아 평균액을 적용하여야 했으나 기준시가 10억 원 이하의 물건의 경우 1곳의 감정평가만으로도 시가 적용이 가능하다. 당해 상속재산의 시가는 유사매매사례가액의 시가보다 우선 적용되니 감정평가를 받는 경우 유사매매사례가액의 적용을 배제할 수 있다.

3-3

상속세를 내야 되는 재산은 무엇인가?

A 씨의 아버지인 피상속인은 주식회사를 소유 운영하는 대표이사로 재직 중이었고 본인 명의 자동차 소유, 사망을 담보로 하는 종신보험 가입, 상장주식 보유, 골프 회원권 보유, 은행예금 보유, 임차 중인 캠핑카 보유, 선산 보유 등의 현황을 확인하였다.

상속세를 내야 하는 재산은 어떻게 되는지 살펴보자.

(1) 본래의 상속재산

상속재산이란 피상속인에게 귀속되는 재산으로서 금전으로 환산할 수 있는 경제적 가치가 있는 모든 물건과 재산적 가치가 있는 법률상 또는 사실상의 모든 권리를 포함한다.

(2) 상속재산으로 보는 보험금, 신탁재산, 퇴직금 등

상속개시일 현재 상속·유증·사인증여로 취득한 본래의 상속재산이 아니더라도 상속 등과 유사한 경제적 이익이 발생하는 보험금·신탁재산·퇴직금 등은 상속재산으로 보아 과세한다.

- 보험금: 피상속인의 사망으로 인하여 지급받는 생명보험 또는 손해보험의 보험금으로서 피상속인이 보험계약자(보험계약자가 피상속인 외의 자이나 피상속인이 실제 보험료를 납부한 경우 포함)인 보험계약에 의하여 받는 것.

- 신탁재산: 피상속인이 신탁한 재산의 경우 그 신탁재산가액과 피상속인이 신탁으로 인하여 신탁의 이익을 받을 권리를 소유한 경우 그 이익에 상당하는 가액.

- 퇴직금 등: 피상속인의 사망으로 인하여 피상속인에게 지급될 퇴직금, 퇴직 수당, 공로금, 연금 또는 이와 유사한 것. 단, 국민연금법, 공무원연금법 등 각종 법령에 따라 지급되는 유족연금 등은 상속재산에 미포함.

(3) 비과세되는 상속재산

- 전사자 등에 대한 상속세 비과세: 전사나 이에 준하는 사망, 전쟁이나 이에 준하는 공무의 수행 중 입은 부상 또는 질병으로 인한 사망으로 상속이 개시되는 경우에는 피상속인이 소유한 모든 재산에 대하여 상속세를 부과하지 않는다.

- 비과세되는 상속재산: 다음의 재산에 대해서는 상속세를 부과하지 않는다.
  • 국가·지방자치단체 또는 공공단체에 유증(사인증여 포함)한 재산·문화재보호법에 따른 국가지정문화재 및 시·도 지정문화재와 같은 법에 따른 보호구역 안의 토지로서 당해 문화재 등이 속한 토지.
  • 피상속인이 제사를 주재하고 있던 선조의 분묘에 속한 9,900㎡ 이내의 금양임야 및 분묘에 속하는 1,980㎡ 이내의 묘토인 농지(한도액 2억 원).
  • 족보 및 제구(한도액 1천만 원).
  • 정당법에 따른 정당에 유증 등을 한 재산.
  • 근로복지기본법에 따른 사내근로복지기금 또는 근로복기본법에 따른 우리사주조합 및 근로복지진흥기금에 유증 등을 한 재산.
  • 사회 통념상 인정되는 이재구호금품, 치료비 그 밖의 불우한 자를 돕기 위하여 유증한 재산.
  • 상속재산 중 상속인이 신고 기한 이내에 국가·지방자치단체나

공공단체에 증여한 재산.

위 상속재산에 대한 규정을 보면 A 씨는 피상속인인 아버지가 소유하는 주식회사의 주식(비상장주식), 사망에 따라 발생되는 퇴직금 등, 상장주식, 자동차, 보험금, 골프 회원권, 은행 예금, 캠핑카 임차보증금에 대하여 상속세를 납부하여야 한다. 선산의 경우 피상속인이 제사를 주재하고 면적, 가액 등의 요건이 충족되는 경우 비과세 상속재산으로 분류할 수 있다.

그리고 상속재산의 범위에는 세금회피 방지를 위하여 상속개시일 전에 재산을 처분하거나 예금을 인출 또는 채무를 부담하여 상속재산을 줄이는 경우 등을 방지하기 위하여 추정상속재산에 대한 규정을 두고 있는데 다음 장에서 이에 대해 알아보자.

3-4

상속재산에 가산하는 추정상속재산

상속개시일 전 재산을 처분하거나 예금을 인출 또는 채무를 부담한 경우로서 사용처가 객관적으로 명백하지 아니한 금액은 이를 상속인이 상속받은 것으로 추정하여 상속세 과세가액에 추정상속재산으로 산입한다.

피상속인이 재산을 처분하여 받은 그 처분대금 또는 피상속인의 재산에서 인출한 금액에 대해 상속인이 구체적인 사용처를 규명해야 하는 대상은 다음과 같다.

상속개시일 전 1년(2년) 이내에 재산 종류별로 계산하여 피상속인이 재산을 처분하여 받거나 피상속인의 재산에서 인출한 금액이 2억 원(5

억 원) 이상인 경우이다.

(1) 재산 종류별의 구분

① 현금·예금 및 유가증권
② 부동산 및 부동산에 관한 권리
③ ①~②외의 기타 재산

예를 들어 1년 이내에 예금 등의 인출 금액은 1억 원이고 부동산의 처분 금액이 1.5억 원인 경우에 합계액은 2.5억 원으로서 2억 원을 초과한다. 그러나 재산의 종류별로 적용하면 예금 등은 1억 원으로서 2억 원 이하이고, 부동산 등의 처분 금액도 2억 원 이하이므로 사용처를 규명하여야 할 대상에 해당되지 않는다.

추정상속재산은 다음과 같이 계산한다.

① 피상속인이 재산을 처분하여 받은 그 처분대금 또는 피상속인의 재산에서 인출한 금액에 대하여 사용처가 불분명한 경우
  - 추정상속재산= 미입증금액-Min(처분재산가액 등×20%, 2억 원)

② 국가, 지방자치단체, 금융기관으로부터 차입하여 피상속인이 부담한 채무로 사용처가 불분명한 경우
  - 추정상속재산= 미입증금액-Min(처분재산가액 등×20%, 2억 원)

③ 국가, 지방자치단체, 금융기관이 아닌 자로부터 차입하여 피상속
인이 부담한 채무로 사용처가 불분명한 경우
- 추정상속재산= 미입증금액 전체

[예시]

1. 2년 이내 예금입출금 현황은 다음과 같음.

① A 예금 계좌에서 인출된 금액: 10억 원

② A 예금 계좌에서 인출된 금액 중 다시 피상속인 명의 B 예금 재
입금된 금액: 3억 원

③ 인출 금액에는 생활비 확인 금액 1억 원, 자동차 취득자금 확인
금액 1억 원이 있으며 나머지는 사용처가 불분명함.

2. 사용처 소명 대상 금액은?

3. 추정상속재산금액은?

[해설]

1. 사용처 소명 대상 금액

①-②= 7억 원

2. 추정상속재산금액

7억 원-(1억 원+1억 원)-min(7억 원의 20%, 2억 원)= 3.6억 원

3-5

상속재산가액에서 차감하는 것들은?

상속인 A 씨는 아버지의 상속재산에 대해 확인 후 아버지가 갚아야 할 보증금 등 채무에 대하여 문의를 하였다. 아버지는 단독주택에 대한 임대보증금, 아파트 담보 대출 채무가 있다고 한다.

상속세법에서는 상속재산의 가액에서 차감하는 공과금 등에 대한 규정을 두고 있다.

피상속인이 납부할 의무가 있는 공과금과 채무, 장례비용을 상속재산의 가액에서 차감한다는 것이다.

공과금이란 조세·공과금·공공요금을 말하는 것으로 재산세, 종합소득세, 자동차세, 전기료, 전화료, 상하수도 요금 등이 이에 해당한다. 공과금의 경우 납부의무 성립일과 납부일 간에 차이가 있는 경우가 많다. 피상속인의 상속개시일에 납부의무가 성립된 공과금에 대하여는 상속재산에서 차감해야 한다.

채무는 상속개시일 현재 피상속인이 부담해야 하는 금융채무, 임대보증금, 미지급이자 등을 말하며 상속재산에서 차감한다. 금융채무에는 피상속인이 상속개시일까지 사용한 카드 결제 대금도 포함한다.

채무에는 사인 간에 형성된 금전소비대차계약도 포함된다. 단, 사적인 채무인 경우 채무가 발생된 금융거래내역, 계약서의 진위, 이자 지급 등의 객관적 자료로 그 사실을 입증하여야 한다.

장례비용의 경우 기본 500만 원은 상속재산에서 차감하고 실 지출 비용이 500만 원을 초과하는 경우 1천만 원까지 차감된다. 이외 봉안시설 또는 자연장지의 사용에 소요된 금액은 실 지출 비용을 기준으로 500만 원까지 차감된다.

상속인들이 일반적으로 확인 가능한 아파트 담보대출 및 임대보증금 외 놓치기 쉬운 부분을 보면 상속개시일 현재 피상속인이 납부하여야 할 재산세, 종합부동산세, 종합소득세, 양도소득세, 부가가치세, 아파트 관리비, 전기 요금, 도시가스 요금, 수도 요금, 카드 대금 등이다.

또한 대출금액의 경우 상속개시일까지 발생된 미지급 이자도 채무로 반영 가능하니 검토하길 바란다. 피상속인이 개인 사업장을 운영하고 사업장에 고용된 사용인이 있는 경우 상속개시일까지 발생된 퇴직금 상당액도 채무임으로 상속재산가액에서 차감되어야 한다.

3-6

상속세 신고 시 사전 증여재산 합산은 무엇인가?

상속인 A 씨는 30대 중반의 나이로 아버지가 돌아가시기 3년 전에 결혼을 하였다고 한다. 신혼집 준비 등 결혼 당시 아버지로부터 자금 지원을 받았는지 문의하니 신혼 전셋집 보증금으로 1억 원을 받았다고 한다.

상속은 사망이나 실종으로 발생하는 것으로 특정한 상황에 한정되나, 증여는 살아생전에 이루어지는 것으로 여러 번 여러 방식에 의해서 발생할 수 있어 국세청에서 증여를 매번 모두 확인할 수는 없다.

증여로 인한 세금 회피 상황을 방지하기 위한 일환으로 상속증여세법에서는 상속개시일 전 사전 증여재산을 합산해서 상속세를 계산하는 규정을 두고 있다.

상속증여세법 제13조를 보면 다음과 같다.

① 상속세 과세가액은 상속재산의 가액에서 제14조에 따른 것을 뺀
후 다음 각 호의 재산가액을 가산한 금액으로 한다. 이 경우 제14
조에 따른 금액이 상속재산의 가액을 초과하는 경우 그 초과액은
없는 것으로 본다.

1. 상속개시일 전 10년 이내에 피상속인이 상속인에게 증여한 재
산가액.
2. 상속개시일 전 5년 이내에 피상속인이 상속인이 아닌 자에게
증여한 재산가액.

상속인의 경우 상속개시일로부터 10년, 상속인이 아닌 자는 5년 내
피상속인으로부터 증여받은 재산을 상속세 과세가액에 합산한다는
것이다.

상속세는 정부부과세목으로 소득세나 부가가치세와 다르게 납세자
의 신고 이후 과세관청의 세무조사를 받아야만 세액이 확정되는 구조
를 가지고 있는 것도 사전증여재산에 대한 확인 과정을 거치기 위함이
라고 봐도 틀리지 않다.

상속세 세무조사의 주를 이루는 것도 피상속인의 과거 금융거래내역 확인이다. 피상속인의 금융거래내역을 통하여 상속인 및 상속인 아닌 자들에게 증여된 자금이 있는지 확인하는 절차를 갖는 것이다.

상속인 A 씨의 경우 돌아가신 아버지로부터 지원받은 1억 원이 반대급부 없는 증여인 경우 상속세과세가액에 합산하여야 하는 것이다.

3-7

상속공제제도는 무엇인가?

상속세를 산출하기 위한 기준 값인 과세표준 계산 시 상속세 과세가액(상속재산가액-비과세 및 과세가액 불산입액-공과금·장례비용·채무+사전증여재산)에서 일정 금액을 공제하고 있다. 상속공제는 인적공제와 물적공제 두 가지로 나뉜다.

- 인적공제-기초공제, 배우자상속공제, 그 밖의 인적공제, 일괄공제
- 물적공제-금융재산상속공제, 동거주택상속공제 가업상속공제, 영농상속공제, 재해손실공제

(1) 인적공제

① 기초공제

거주자나 비거주자의 사망으로 상속이 개시되는 경우 2억 원을 공제한다.

*피상속인이 비거주자인 경우 기초공제만 작용하고 다른 인적공제 및 물적공제는 적용되지 않는다.

② 배우자상속공제

거주자의 사망으로 인하여 상속이 개시되는 경우로 피상속인의 배우자가 생존해 있으면 배우자 상속공제를 적용받을 수 있다.

*배우자 상속공제 금액은 배우자가 실제 상속받은 금액이 없는 경우에도 5억 원이 공제되고 5억 원 이상인 경우 최고 30억 원까지 공제받을 수 있다.

③ 그 밖의 인적공제

거주자의 사망으로 인하여 상속이 개시되는 경우에는 자녀 및 동거가족[상속개시일 현재 피상속인이 사실상 부양하고 있는 직계존비속(배우자의 직계존비속 포함) 및 형제자매를 말한다.]에 대해 아래의 금액을 공제받을 수 있다.

구분	상속공제
자녀공제	- 자녀 수×1인당 5천만 원
미성년자공제	- 미성년자 수×1천만 원×19세까지의 잔여연수 • 상속인(배우자 제외) 및 동거 가족 중 미성년자에 한함

연로자공제	- 연로자 수×1인당 5천만 원 • 상속인(배우자 제외) 및 동거 가족 중 65세 이상자에 한함
장애인공제	- 장애인 수×1인당 1천만 원×기대여명 연수 • 상속인(배우자 포함) 및 동거 가족 중 장애인 • (기대여명 연수)

④ 일괄공제

거주자의 사망으로 인하여 상속이 개시되는 경우로 기초공제 2억 원 +그 밖의 인적공제액의 합계액이 5억 원에 미달하는 경우 5억 원을 공제하는 것을 말한다. 배우자 단독으로 상속받은 경우에는 일괄공제를 적용할 수 없으며, 기초공제와 그 밖의 인적공제 계산 합계액만을 공제받을 수 있다. 여기서 배우자 단독 상속이란 상속인이 배우자 단독인 경우를 말하는 것으로 협의분할에 의하여 배우자가 모든 재산을 상속받는 경우를 말하는 것은 아니다.

(2) 물적공제

① 금융재산상속공제

거주자의 사망으로 인하여 상속이 개시된 경우 상속개시일 현재 상속재산가액 중 금융재산이 포함되어 있는 경우 순금융재산(금융재산가액-금융채무)가액의 20%를 공제하되 세부 기준은 다음과 같다.

순금융재산가액	금융재산상속공제
2,000만 원 이하	해당 순금융재산가액 전액
2,000만 원 초과~1억 원 이하	2,000만 원
1억 원 초과~10억 원 이하	해당 순금융재산가액×20%
10억 원 초과	2억 원

공제대상 금융재산에는 금융기관이 취득하는 예금·적금·부금·출자금·금전신탁재산·보험금·공제금·주식·채권·수익증권·출자지분·어음 등의 금전 및 유가증권이 포함되고 최대 주주 및 최대 출자자가 보유하고 있는 주식 또는 출자지분은 포함되지 않는다.

② 동거주택상속공제

상속개시일 현재 무주택자인 직계비속 상속인이 상속받은 주택으로 피상속인과 상속개시일로부터 10년 이상 계속하여 동거하고 피상속인과 상속인이 1세대 1주택을 소유한 경우 최대 6억 원까지 상속공제로 적용한다.

③ 가업상속공제

가업승계를 원활히 할 수 있도록 300억~600억 원('23년 이후 상속개시분부터 적용, 기존 200억~600억 원) 한도 내에서 가업상속공제를 적용받을 수 있다.

④ 영농상속공제

피상속인과 상속인이 영농에 관한 일정 요건을 갖추고 있는 경우 영농상속재산가액에 상당하는 금액을 30억 원('23년 이후 상속개시분부터 적용, 기존 20억 원) 한도에서 공제한다.

⑤ 재해손실공제

상속세 신고 기한 이내에 재난으로 인하여 상속받은 재산이 멸실·훼손된 경우에는 그 손실가액을 상속세 과세가액에서 공제한다.

(3) 상속공제 적용의 한도

앞에서 확인한 모든 상속공제는 공제적용한도액을 초과할 수 없으며, 공제한도액까지만 공제된다.

① 공제적용한도액

상속세과세가액에서 아래를 차감한 금액을 한도로 한다.

- 상속인이 아닌 자에게 유증·사인 증여한 재산가액
- 상속인의 상속포기로 그다음 순위자가 상속받은 재산가액
- 상속세 과세가액에 가산하는 증여재산의 과세표준

상속공제 한도 규정으로 상속공제를 모두 적용받지 못하는 경우가 많다. 단적인 예로 금융재산 5억, 부동산 10억을 보유하고 있던 아버

지가 10억의 부동산을 자녀에게 사전증여하고 어머니와 자녀 상속인이 있는 상황에서 상속이 개시되면 상속공제 한도는 5.5억 원(상속세 과세가액 15억-사전증여과세표준 9.5억)이 된다. 사전증여가 없었으면 일괄공제 5억, 배우자공제 5억, 금융재산공제 1억, 총 11억 원이 상속공제로 적용된다. 위 사례에서 보듯이 사전증여 및 상속포기 등으로 인한 공제적용한도에 유의해야 한다.

4장

증여세의
계산과
사례

4-1

5W, 1H로 알아보는 증여세의 모든 것

우리가 학생 시절 한글을 배울 때, 논리적으로 문장을 작성하여 전달하는 방법을 배웠고 그 방법은 다른 사람에게 정보를 전달할 때도 필수 조건이 된다.

누가(who), 언제(when), 어디서(where), 무엇(what), 왜(why), 어떻게(how).

이 여섯 가지 기본 조건을 가지고 증여란 무엇인지 자세히 알아보도록 하자.

(1) WHAT

증여란 무엇인가? '행위 또는 거래의 명칭, 형식, 목적 등과 관계없이 직접 또는 간접적인 방법으로 타인에게 무상으로 유형, 무형의 재산 또는 이익을 이전하거나(현저히 낮은 대가를 받고 이전하는 경우를 포함) 타인의 재산 가치를 증가시키는 것을 말한다'라고 세법에 정의되어 있다. 증여는 증여자(증여재산을 주는 자)가 살아 있는 상태에서 재산을 이전하는 것을 말한다. 이런 의미에서 유증[1], 사인증여[2] 등은 증여에서 제외된다. 유증, 사인증여 등을 제외하는 이유는 증여자의 사망을 원인으로 재산 등이 무상 이전되어 상속세 부과 대상이 되기 때문이다.

위의 정의된 증여라는 행위로 수증자(증여재산을 받는 자)에게 귀속되는 모든 재산 또는 이익을 증여재산이라고 하고 이 증여재산에 부과되는 세금이 증여세이다.

증여재산은 다음의 종류를 모두 포함한다.

1) 금전으로 환산할 수 있는 경제적 가치가 있는 모든 물건
2) 재산적 가치가 있는 법률상 또는 사실상의 모든 권리
3) 금전으로 환산할 수 있는 모든 경제적 이익

이처럼 증여세는 거래 형태, 방법, 종류 등에 상관없이 무상 또는 현

---

1) 유증: 유언으로 재산 증여.
2) 사인증여: 증여자의 사망으로 인하여 효력이 발생하는 증여.

저히 낮은 대가로 다른 사람의 재산 등을 증가시키는 모든 행위에 증여세를 부과할 수 있다는 말이 된다. 기존의 유형, 새로운 유형의 변칙적인 증여에 대해 법률에 규정되어 있지 않더라고 증여세 과세가 가능하다.

(2) WHY

모든 부모들이 그러하듯 열심히 일하고 부를 축적하는 것은 내 자식들이 좀 더 잘살고 여유롭게 살게 하기 위함인데 내 재산을 내 마음대로 내 자식에게 주는데 왜 세금을 내야 하는지 억울한 면이 없지는 않을 것이다.

하지만 아무런 부담이 없이 본인의 마음대로 재산을 이전하게 되면 잘사는 사람과 못 사는 사람의 양극화는 더욱더 심해질 것이다. 이렇게 부의 양극화가 심해지면 생활, 교육, 심리 등 여러 문제로 인해 사회불안이 가중되어 상대적 박탈감이 증가되어 서로에 대해 위화감과 적대감이 심화되어 사회적 혼란이 발생할 수도 있다.

기본적으로 우리나라는 증가한 소득에 대해서 세금을 부과한다. 이자소득, 배당소득, 사업소득(부동산 임대 포함), 근로소득, 연금소득, 기타소득, 퇴직소득, 양도소득이 발생한 경우 증가한 소득에 대해 세금이 과세된다.

증여세도 마찬가지로 무상으로 소득이 이전되어 수증자의 소득이 증가하기 때문에 이에 대해 세금을 부과한다.

이렇게 증여세를 부과함으로 과세의 형평성과 부의 불평등 및 양극

화를 줄이는 수단으로서 역할이 증여세를 부과하는 이유가 될 것이다.

(3) WHO

증여세는 누가 납부하는 것인가? 원칙적으로 증여재산을 받는 수증자가 세금을 납부할 의무가 있다. 수증자는 거주자와 비거주자로 구분할 수 있는데 수증자가 거주자인 경우 국내 든 국외 든 증여세 과세대상이 되는 모든 증여재산에 대해 증여세를 납부 할 의무가 있고, 수증자가 비거주자인 경우 국내에 있는 모든 증여재산에 대해 증여세를 납부할 의무가 있다.

그렇다면 거주자와 비거주자 구분은 어떻게 하나?
비거주자는 거주자가 아닌 사람을 말하므로 거주자의 정의를 살펴보면 그 구분이 될 거 같다. 거주자란 국내에 주소를 두거나 183일 이상 거소[3]를 둔 사람을 말하며 주소는 국내에서 생계를 같이 하는 가족 및 국내에 소재하는 자산의 유무, 직업 등 생활 관계의 객관적인 사실에 따라 판정한다.

하지만 실무상으로 볼 때 외국 시민권이 있더라도 거주자로 판단된 경우도 있고, 183일 이상 국내에 거소를 두지 않아도 거주자로 판단된 경우도 있다. 거주자, 비거주자 판단의 기준은 명확하지 않을 뿐더러 상황에 따라 달라지기도 한다. 해당 사례에 따라 종합적으로 판단하여

---

3) 거소: 주소지 외의 장소 중 상당 기간에 걸쳐 거주하는 장소.

야 하기 때문에 전문가와 상담하기를 추천한다.

기본적으로 수증자에게 납부의무가 있지만 예외적으로 수증자와 증여자가 연대하여 납부하는 경우도 있다.

1) 수증자의 주소나 거소가 분명하지 아니한 경우로서 증여세에 대한 조세채권(租稅債權)을 확보하기 곤란한 경우
2) 수증자가 증여세를 납부할 능력이 없다고 인정되는 경우로서 강제징수를 하여도 증여세에 대한 조세채권을 확보하기 곤란한 경우
3) 수증자가 비거주자인 경우

(4) WHERE

증여세의 납세지 및 과세관할은 어디인가?

증여세는 수증자의 주소지(주소지가 없거나 분명하지 아니한 경우에는 거소지를 말함)를 관할하는 세무서장 등이 과세한다. 다만 수증자가 비거주자인 경우 또는 수증자의 주소 및 거소가 불분명한 경우에는 증여자의 주소지를 관할하는 세무서장 등이 과세한다.

그러면 수증자와 증여자가 모두 비거주자이거나 주소 또는 거소가 불분명한 경우는 어떻게 할까? 이런 경우는 증여재산의 소재를 관할하는 세무서장 등이 과세하도록 되어 있다.

(5) WHEN

증여재산이 정해지고 증여세가 계산되면 언제까지 증여세를 신고하고 납부해야 하나?

증여세 납부의무가 있는 자는 증여받은 날이 속하는 달의 말일부터 3개월 이내에 납세지 관할 세무서장 등에게 신고하여야 하며 이때 증여세 계산에 필요한 증여재산의 종류, 수량, 평가가액 및 각종 공제 등을 증명할 수 있는 서류 등을 첨부하여야 한다.

하지만 증여세는 신고를 했다고 해서 종결되는 것이 아니다. 세무서장 등이 증여세 과세표준과 세액을 확인하고 그 세액을 결정하여야 종결된다. 이때 세무서장 등이 증여세 과세표준 신고기한부터 6개월 내에 결정하여야 하며 이때 과세표준과 세액의 산출근거를 적어 통지해야 한다.

세무서장 등은 증여세 과세표준과 세액에 탈루 또는 오류가 있는 것을 발견한 경우 즉시 과세표준과 세액을 조사 결정하거나 경정할 수 있다. 그렇다면 증여세 신고 후 세무서장 등은 언제까지 증여세를 부과할 수 있는 걸까? 이를 부과제척기간이라고 하고 그 기간은 크게 3가지 경우로 나눌 수 있으며 아래의 기간이 경과하면 세무서장 등이 과세 할 수 있는 권리가 소멸되어 더 이상 증여세에 대해 부과할 수 없다. 부과제척 기간은 국세를 부과할 수 있는 날 즉 증여세 과세표준 신고 기한의 다음 날부터 기산일이 된다.

1) 일반적인 경우: 10년

2) 무신고한 경우

    부정 행위로 포탈하거나 환급, 공제받은 경우

    법정 신고 기한까지 신고서를 제출한 자가 거짓 신고 또는 누락 신고한 경우: 15년

    (그 거짓 신고 또는 누락 신고한 부분만 해당)

3) 부정 행위[4]로 포탈하는 경우(재산가액 50억 초과): 증여가 있음을 안 날부터 1년 이내

기존에 했던 증여를 취소하는 경우에도 증여세가 모두 부과가 될까? 언제까지 증여세가 부과되며 증여세가 부과되지 않으려면 언제까지 취소하는 것이 바른 걸까?

1) 증여세 신고 기한 이내: 이 기간에는 기존증여도 증여취소(재차증여)도 과세되지 않는다. 다만 이때 금전으로 증여한 경우는 증여가 취소되지 않고 기존증여도 증여세가 부과되고, 재차증여도 증여세가 부과되니 주의하여야 한다.

2) 증여세 신고 기한 경과 후 3월 이내: 이 기간에는 기존증여는 증여세가 과세되고 재차증여는 과세되지 않는다.

3) 증여세 신고 기한 경과 후 3월 이후: 이 기간에는 기존증여도 재차

---

[4] 부정 행위: 제3자의 명의로 된 증여재산을 수증자가 취득하는 경우, 국외 증여재산을 수증자가 취득하는 경우, 유가증권, 서화, 골동품 등 증여재산을 수증자가 취득한 경우, 수증자 명의로 된 증여자의 금융자산을 수증자가 보유, 사용, 수익한 경우 등등.

증여도 모두 증여세가 과세된다.

(6) HOW

증여세는 어떤 방법으로 납부할 수 있나? 증여세가 계산되면 법정신고 기한까지 납부하여야 한다. 납부하는 방법은 크게 현금납부(분납), 연부연납, 물납으로 나눌 수 있다.

① 현금납부

납부세액 전체를 현금 또는 카드(신용카드, 체크카드)로 납부할 수 있다. (카드 수수료는 납부자 본인이 부담) 납부세액이 1천만 원이 초과할 경우 분납(2개월 이내)이 가능하다.
- 1천만 원 초과 시: 1천만 원은 납부 기한 내, 1천만 원 초과 금액은 분납 가능
- 2천만 원 초과 시: 납부세액의 1/2씩 납부 기한 내와 분납 기한 내에 분납 가능

② 연부연납

납부세액이 2천만 원을 초과하는 경우에는 연 단위로 나눠서 세액을 납부할 수 있는 제도이며 증여세의 경우 연부연납 기간은 5년으로 6회에 걸쳐 납부 가능하며[증여세 납부 기한에 1회, 5년 동안 5회 납부- 단각 회분의 분할납부 세액이 1천만 원 초과하도록 연부연납 기간을 정하여야 하며, 가산금(연 1.2%-기획재정부령 고시 이자율에 따라 변동

가능)을 더해서 납부한다.] 세무서장은 납세자의 신청을 받아 연부연납을 허가할 수 있다. 이 경우 납세의무자는 담보를 제공해야 한다.

③ 물납

납부세액이 2천만 원을 초과하는 경우 부동산과 유가증권으로 납부할 수 있는 제도이며 세무서장은 납세자의 신청을 받아 물납을 허가할 수 있다. 다만, 물납을 신청한 재산의 관리·처분이 적당하지 아니하다고 인정되는 경우에는 물납허가를 하지 아니할 수 있다.

그러나 물납은 상속세만 가능하며 증여세는 2015년 12월 15일 세법 개정 이후 물납을 허용하지 않고 있다.

이렇게 증여세에 대해 자세히 알아보았다. 이런 빈틈없고 복잡한 증여세를 어떻게 하면 똑똑하게 절세할 수 있을까?

지피지기 백전백승이라는 말처럼 나의 재산 등 상황을 잘 알고 증여세에 대한 관련 규정을 사전에 숙지한다면 더 이상 증여세가 두렵지 않게 될 것이다.

다음 장에서 증여세의 계산 구조에 대해 더 자세히 알아보자.

4-2

증여세 계산 구조 파악

　증여세의 계산은 간단히 설명하면 증여하는 재산의 가액에서 공제액 등을 차감한 금액에서 증여세율을 곱해서 계산될 수 있다. 증여세 계산 구조는 아래의 PART 1, 2, 3으로 3부분으로 나누어 설명할 수 있다. 증여재산가액은 어떻게 판단하는지 공제되는 공제액 등은 어떤 것들이 있으며 세율 등은 어떻게 되는지 자세히 살펴보자.

PART 1	PART 2	PART 3
증여재산가액	= 증여세과세가액	= 증여세산출세액
- 비과세 재산가액	- 증여재산공제	+ 세대생략할증세액
- 과세가액 불산입	- 재해 손실공제	- 세액공제 등
- 채무액	- 감정평가수수료	+ 가산세 등
+ 증여재산가산액	= 증여세과세표준	- 분납, 연부연납
= 증여세과세가액	× 세율	= 자진납부할 증여세액
	= 증여세산출세액	

(1) PART 1(증여재산가액)

증여재산가액은 일반적으로 재산 또는 무상으로 이전받는 이익의 경우 증여재산의 시가 상당액으로 계산하고(시가는 불특정 다수인 사이에 자유롭게 거래가 이루어지는 경우 통상적으로 성립된다고 인정되는 가액이다.) 재산 또는 이익을 현저히 낮은 대가를 주고 이전받거나 현저히 높은 대가를 받고 이전하는 경우에는 시가와 대가의 차액(다만 시가와 대가의 차액이 3억 원 이상이거나 시가의 100분의 30 이상인 경우로 한정)을 증여재산가액으로 계산한다. 이 부분에 대해서는 '4-3. 사례로 풀어 보는 증여세'에서 더 자세히 살펴보겠다.

이 시가에는 증여일 전 6개월 후 3개월 이내의 기간(이하 평가기간) 중 당해 증여재산에 대한 매매, 감정, 수용, 경매 또는 공매가 있는 경우에는 그 확인되는 가액을 포함하며, 증여일 전 6개월부터 평가기간 내 증여세 신고일까지의 기간 중에 증여재산과 면적, 위치, 용도, 종목 및 기준시가가 동일하거나 유사한 다른 재산에 대한 매매가액, 감정가액의 평균액이 있는 경우 그 가액도 포함한다.

국가나 지방자치단체로부터 증여받은 재산의 가액, 정당법에 따른 정당이 증여받은 재산의 가액, 국가, 지방자치단체 또는 공공단체가 증여받은 재산의 가액, 장애인을 보험금 수령인으로 하는 연간 4천만 원의 한도의 보험금 등 일부에 대해서는 증여세를 부과 하지 않는다.

그리고 일정한 요건과 규제 조항을 두어 조건이 맞을 경우 과세가액에 산입하지 않는 경우도 있다. 공익법인 등이 출연받은 재산의 가액과 신탁을 통하여 공익법인 등에 출현하는 재산의 가액은 증여세 과세가액에 산입하지 않으며 장애인이 재산을 증여받고 그 재산을 본인을 수익자로 하여 신탁한 경우에도 증여세 과세가액에 산입하지 않는다. (그 장애인이 살아 있는 동안 증여받은 재산가액 5억을 한도로 한다)

해당 증여재산에 담보된 채무는 증여세 과세가액에서 제외한다. 해당 채무가 담보 된 재산을 타인에게 임대한 경우 해당 임대보증금과 채무를 수증자가 인수했을 때 임대보증금과 인수한 그 채무액은 증여재산 과세가액에서 제외한다. 이때 채무는 국가, 지방자치단체 및 금융회사 등 객관적으로 인정되는 경우에 한한다.

해당 증여일 전 10년 이내에 동일인(증여자가 직계존속인 경우에는 그 직계존속의 배우자를 포함한다.)으로부터 받은 증여재산가액을 합친 금액이 1천만 원 이상인 경우에는 그 가액을 증여세 과세가액에 가산한다.

(2) PART 2(증여공제)

증여재산공제는 다음에 해당하는 사람으로부터 증여받는 경우 해당 금액을 증여세 과세가액에서 공제한다. 수증자를 기준으로 그 증여받기 전 10년 이내에 공제받은 금액과 해당 증여가액에서 공제받은 금액을 합친 금액으로 한다.

- 배우자로부터 증여받은 경우: 6억
- 직계존속으로부터 증여받는 경우: 5천만 원(미성년자가 증여받는 경우 2천만 원)
- 직계비속으로부터 증여받는 경우: 5천만 원
- 6촌 이내의 혈족, 4촌 이내의 인척으로부터 증여받는 경우: 1천만 원

[참고 1]

[증여재산가산액과 증여재산공제에 관한 예시
(전제: 증여세 신고는 모두 적법하게 이루어짐, 신고세액공제 생략)]

	증여 내용	계산 내역	비고
case 1	오늘 아버지에게 1억 증여받음	2억 원-5천만 원= 1.5억 원 1.5억 원×20%= 2천만 원 2천만 원-5백만 원= 1.5천만 원	증여 합산 ○ 직계존속 10년 내 공제 5천 5년 전 기납부세액 5백만 원
	5년 전 어머니에게 1억 증여받음		
case 2	오늘 할아버지에게 1억 증여받음	1억 원-0원= 1억 원 1억 원×10%= 1천만 원 1천만 원-0원= 1천만 원 1천만 원×1.3= 1.3천만 원	증여 합산 × 직계존속공제 5년 전 사용 기납부세액공제 안 함 세대생략할증 30% (2-3에서 설명함)
	5년 전 아버지에게 1억 증여받음		

타인으로부터 재산을 증여받은 경우 신고 기한 이내 화재, 붕괴, 폭발, 환경 오염 및 자연재해 등의 재산으로 증여재산이 멸실되거나 훼손된 경우에는 그 손실가액을 증여세 과세가액에서 공제한다. 다만 그 손실가액에 대한 보험금 등의 수령 또는 구상권 등의 행사로 그 손실가액을 보전 받을 수 있는 경우는 공제하지 않는다.

증여세 산출세액은 [증여세과세표준×세율-누진공제액]으로 계산한다.

과세표준	1억 원 이하	5억 원 이하	10억 원 이하	30억 원 이하	30억 원 초과
세율	10%	20%	30%	40%	50%
누진공제액	없음	1천만 원	6천만 원	1.6억 원	4.6억 원

(3) PART 3(증여세 납부세액)

수증자가 증여자의 자녀가 아닌 직계비속인 경우에는 즉 할아버지가 손자에게 증여하는 경우에는 증여세산출세액의 100분의 30에(미성년자인 경우 증여재산가액이 20억 원을 초과하는 경우에는 100분의 40) 상당하는 금액을 가산한다. 다만 증여자(예: 할아버지)의 최근친인 직계비속(예: 아버지)이 사망하여 그 사망자의 최근친인 직계비속(예: 손자)이 증여받는 경우에는 할증 금액을 가산하지 않는다.

[참고 2]

[참고 1]의 case 1처럼 증여세 과세가액에 가산한 증여재산의 가액에 대해 납부하였거나 납부할 증여세액은 증여세산출세액에서 공제하고 증여세 신고 기한 내에 신고한 경우 증여세산출세액의 100분의 3에 상당하는 금액(신고세액공제)을 증여세산출세액에서 공제한다.

4-3

사례로 풀어 보는 증여세

(1) 비과세 증여재산(의료비, 생활비)을 활용하자

4-1과 4-2에서 증여세의 계산 구조 등을 살펴보면 알겠지만 우리가 증여세가 과세되지 않는 재산 등을 찾기란 쉽지 않다. 그중에서 우리가 이제 좀 더 자세히 살펴볼 것은 비과세되는 증여재산이다. 세법에서 증여세를 부과하지 않는 재산 중 우리가 일상생활에서 많이 접할 수 있는 내용은 아래와 같다.

> **상속세및증여세법 제46조 [비과세되는 증여재산]**
> 다음 각 호의 어느 하나에 해당하는 금액에 대해서는 증여세를 부과하지 아니한다.

5. 사회통념상 인정되는 이재구호금품, 치료비, 피부양자의 생활비, 교육비, 그 밖에 이와 유사한 것으로 대통령령으로 정하는 것

상속세및증여세법시행령 제35조 [비과세되는 증여재산의 범위등]

④ 법 제46조 제5호에서 "대통령령으로 정하는 것"이란 다음 가 호의 어느 하나 에 해당하는 것으로서 해당 용도에 직접 지출한 것을 말한다.

2. 학자금 또는 장학금 기타 이와 유사한 금품
3. 기념품, 축하금, 부의금 기타 이와 유사한 금품으로 통상 필요하다고 인정 되는 금품
4. 혼수용품으로서 통상 필요하다고 인정되는 금품
5. 타인으로부터 기증을 받아 외국에서 국내에 반입된 물품으로서 당해 물품 의 관세의 과세가격이 100만원 미만인 물품
6. 무주택근로자가 건물의 총연면적이 85제곱미터 이하인 주택(주택에 부수 되는 토지로서 건물연면적의 5배 이내의 토지를 포함)을 취득 또는 임차하 기 위하여 법 제46조 제4호의 규정에 의한 사내근로복지기금 및 공동근로 복지기금으로부터 증여받은 주택취득보조금 중 그 주택취득가액의 100분 의 5 이하의 것과 주택임차보조금 중 전세가액의 100분의 10이하의 것
7. 불우한 자를 돕기 위하여 언론기관을 통하여 증여한 금품

다음의 가족을 살펴보자. (구성: 할아버지, 아버지, 어머니, 아들, 딸) 어머니는 전업주부로 상당한 재력을 가진 사업가 아버지에게 매달 생활비를 받는다. 재테크의 달인인 어머니는 이 생활비를 식비, 공과 금 등 가사 비용에 지출 후 매달 남는 금액을 예금, 적금, 주식 등으로 투자하여 많은 수익을 얻었다.

여기서 생활비 등 가사 비용을 인정받기 위해서는 그에 대한 구체적 인 증빙이 필요하다. 과세당국과 다툼이 있을 때에는 구체적인 증빙으

로 소명해야지 말로만 주장하는 건 인정되지 않는다. 보험료, 통신비, 공과금, 식비 등 지출한 내역으로 이체된 생활비가 충당이 되면 증여재산으로 인정되지 않겠지만 위의 예와 같이 예금, 적금 등으로 사용될 경우 비과세되는 증여재산으로 인정될 수 없다.

할아버지는 손자가 해외에서 열심히 공부하는 것이 너무 대견해 기쁜 마음으로 학비와 생활비를 보내 주고 있다.

소득이 없는 손자의 부양의무는 아버지에게 있다. 아버지가 충분한 재력과 소득으로 아들의 유학비 등을 부양할 능력이 있음에도 할아버지가 아버지를 대신해 보낸 학비와 생활비는 비과세되는 증여재산에 해당되지 않는다.

딸은 지난 몇 년간의 직장 생활로 인한 스트레스와 무리한 업무로 허리와 목 부위에 통증이 있어 계속적인 의료기관 치료와 병행해 코스메틱, 필라테스, 스파 등을 받아 왔다. 아버지는 이런 딸이 안쓰러워 일명 '아카'인 아빠 카드를 주어 사용하게 하였다.

딸은 이 '아카'로 병원비뿐만 아니라 다음 달 결혼할 예식장 비용과 드레스 비용도 결제하였다.

치료비를 비과세되는 증여재산으로 판단할 때에는 수증자의 직업, 연령, 소득, 재산 상태 등 구체적인 사실을 확인하여 판단되어진다. 딸의 소득과 재산 상태 등을 판단했을 때 본인에게 지출할 능력이 충분하다고 판단되면 위의 치료비는 비과세되는 증여재산으로 인정되기 어렵다. 설사 위의 치료비가 인정된다 하더라도 그 지출 명목을 면밀히 살펴보고 치료에 목적이 있는지 치료 이외의 미용 등에 목적이 있는지 판단하여 해당이 되는 부분만 비과세되는 증여재산이 될 것이다.

'아카'로 지출된 예식장과 드레스 비용은 통상 필요하다고 인정되는, 사회 통념상 인정되는 혼수용품에 해당이 될까? 만약 사회통념상 인정되는 혼수용품에 해당된다면 비과세되는 증여재산으로 볼 수도 있을 것이다. 여기서 사회 통념상 인정되는 기준은 우리가 보편적으로 또는 일반적으로 널리 퍼져 있는 공통된 사고방식으로 객관적이지 못하고 추상적이면서 개별적인 개념이다.

우리 사회에서는 부모님이 자식의 결혼 및 예물 비용을 부담하는 것이 일반적으로 통용되는 사회적 관습에 해당되어 왔지만 그 비용이 사회 통념상 용인될 수 있는지는 금액적인 기준이나 다른 확실한 기준이 없어 과세당국과 다툼의 소지가 될 수 있다. 그렇기 때문에 이는 지출한 사람의 경제적 상황과 지출 경위 등을 충분히 고려해 개별적으로 판단될 수밖에 없다.

4-4

배우자 또는 직계존비속에게 양도- 증여 추정, 특수관계자 우회 양도 증여 추정

아버지는 아들이 결혼을 하려고 한다고 해서 고민에 빠져 있다. 현재 보유하고 있는 서울에 소재한 2주택 중 1주택을 아들에게 주고 싶어서이다. 어떻게 하는 것이 가장 절세를 할 수 있을까? 그냥 주택 증여 후 증여세 신고를 할까? 아니면 아들에게 양도한 것으로 하고 양도세 신고를 할까? 아니면 친척에게 양도 후 다시 아들에게 양도하는 방법은 어떨까?

아버지는 10년 전에 10억 원을 주고 주택을 매입하고 현재 그 주택의 시가는 20억 원이다.

위 3가지 방법에 따른 간단히 세액을 비교해 보자. (취득세 등, 신고세액공제 등 고려하지 않음)

	방법 ①	방법 ②	방법 ③
대상	아버지→아들	아버지→아들	아버지→친척→아들
증여			
증여재산가액	20억		
증여재산공제	50,000,000		
세율	40%		
납부세액	620,000,000		
양도 1			
양도가액		20억	20억
취득가액		10억	10억
장기보유특별공제		2억	2억
세율 (지방소득세포함)		46.2%	46.2%
납부세액		330,660,000	330,660,000
양도2			
양도가액			20억
취득가액			20억
납부세액			0

* 아버지 양도와 친척 양도는 일반세율 6%~45% 적용으로 가정.
기본공제 250만 원은 고려하지 않음.

방법 ①은 증여재산가액 2,000,000,000원(주택시가)에 직계비속의 증여재산공제 50,000,000원(10년 이내)을 공제한 과세금액에 증여세율 40%(누직공제 160,000,000원 차감)를 적용하면 부담 세액이 620,000,000원이 된다.

방법 ②는 주택시가인 양도가액 2,000,000,000원에서 취득가액

1,000,000,000원을 차감한 후 장기보유특별공제 20%(10년 보유, 3년 ~15년 보유 6%~30%까지)를 차감한 과세금액에 양도세율 42%(누신공제 35,400,000원)와 지방소득세 4.2%(양도소득세의 10%)를 적용하면 부담 세액이 330,660,000원이 된다. (다주택자 고려하지 않고, 일반세율로 적용)

방법 ③은 아버지가 친척에게 양도할 때는 방법 ②와 같고 친척이 아들에게 양도할 때 당초 시가와 같은 2,000,000,000원으로 양도하면 양도세는 없게 된다.

위 3가지 방법 중 방법 ②과 방법 ③을 선택하면 납부 세액을 현저하게 줄일 수 있다. 그런데 사람들은 왜 위의 두 방법을 당연히 사용하지 않고 있을까? 실제 증여거래인데 양수도거래라는 형식을 갖춘 불법적 거래를 과세당국이 모르고 있을까? 이러한 질문들에 대한 대답은 아래의 세법 조항을 보며 알 수 있다.

상속세및증여세법 제44조 [배우자등에게 양도한 재산의 증여 추정]

① 배우자 또는 직계존비속(이하 이조에서 "배우자등"이라 한다)에게 양도한 재산은 양도자가 그 재산을 양도한 때에 그 재산의 가액을 배우자등이 증여받은 것으로 추정하여 이를 배우자등의 증여재산가액으로 한다.

② 특수관계인에게 양도한 재산을 그 특수관계인(이하 이 항 및 제4항에서 "양수자"라 한다)이 양수일부터 3년 이내 당초 양도자의 배우자등에게 다시 양도한 경우에는 양수자가 그 재산을 양도한 당시의 재산가액을 그 배우자등이 증여받은 것으로 추정하여 이를 배우자 등의 증여재산가액으로 한다. 다만, 당초 양도 및 양수자가 부담한 「소득세법」에 따른 결정세액을 합친 금액이 양수

자가 그 재산을 양도한 당시의 재산가액을 당초 배우자등이 증여받은 것으로 추정할 경우의 증여세액보다 큰 경우에는 그러하지 아니하다.

③ 해당 재산이 다음 각 호의 어느 하나에 해당하는 경우에는 제1항과 제2항을 적용하지 아니한다.

1. 법원의 결정으로 경매절차에 따라 처분된 경우

2. 파산선고로 인하여 처분된 경우

3. 「국세징수법」에 따라 공매된 경우

4. 「자본시장과 금융투자업에 관한 법률」제8조의2 제4항 제1호에 따른 증권시장을 통하여 유가증권이 처분된 경우. 다만, 불특정 다수인 간의 거래에 의하여 추분된 것으로 볼 수 없는 경우로서 대통령령으로 정하는 경우는 제외한다.

5. 배우자등에게 대가를 받고 양도한 사실이 명백이 인정되는 경우로서 대통령령으로 정하는 경우

④ 제2항 본문에 따라 해당 배우자등에게 증여세가 부과된 경우에는 「소득세법」의 규정에도 불구하고 당초 양도자 및 양수장에게 그 재산 양도에 따른 소득세를 부과하지 아니한다.

당연히 불법적인 거래는 세법에 의해 추정될 것이지만 실제로 부모와 자식 간의 양수도 거래를 할 수 없는 것인가?

방법 ②에 대해 이야기해 보자. 기본적으로 배우자 등에게 양도는 인정되지 않고 증여로 추정된다. 여기서 '추정된다'라는 말의 의미는 실제로 해당 거래가 양수도거래라는 사실을 증빙과 함께 입증하지 못하면 증여거래로 인정되어 과세가 된다는 것이다. 그러면 어떻게 증명하면 될까? 해당 자산의 양수자는 그 자산을 양수할 경제적 능력을 가지고 있어야 한다. 양수자가 기존에 소유한 재산과의 교환 또는 기존 소유 재산의 처분한 금액으로 양수의 대가를 지급하거나 양수자가 소

득, 상속, 증여 등 증빙으로 양수 대금의 출처를 제공하고 실제 양도 거래로 대금을 지급한 사실을 금융거래 등 객관적으로 입증하면 증여거래가 아닌 양수도거래로 인정될 수 있다.

상속세및증여세법시행령 제33조 [배우자 등에게 양도한 재산의 증여추정]

③ 법 제44조 제3항 제5호에서 "대통령령으로 정하는 경우"란 다음 각 호의 어느 하나에 해당하는 경우를 말한다.

1. 권리의 이전이나 행사에 등기 또는 등록을 요하는 재산을 서로 교환한 경우
2. 당해 재산의 취득을 위하여 이미 과세(비과세 또는 감　받은 경우를 포함) 받았거나 신고한 소득금액 또는 상속 및 수증재산의 가액으로 그 대가를 지급한 사실이 입증되는 경우
3. 당해 재산의 취득을 위하여 소유재산을 처분한 금액으로 그 대가를 지급한 사실이 입증되는 경우

현재 아들은 주택을 취득할 경제적 조건이 되지 않는다면 방법 ②는 사용할 수 없다. 섣불리 방법 ②를 선택해서 신고한 후 추후 세무조사를 받을 경우 아들이 주택의 취득자금에 대해 자금 출처 및 객관적인 자료로 소명하지 못하면 증여세와 가산세가 더해져서 당초보다 더 많은 세금이 부과될 것이다. 그러면 아들에게 주택을 취득할 수 있는 자금을 모을 시간을 벌어 주자.

이때 방법 ③을 이용할 수 있다. 아버지가 친척에게 양도한 후 아들에게 다시 양도되기까지 3년 이상의 기간이 지나면 아버지가 아들에게 증여한 것으로 추정되지 않는다. 그 기간 사이에 아들이 자금 출처에 대비할 수 있는 자금 확보 시간으로 잘 활용해야 할 것이다.

그런데 그 기간 사이에 주택 가격이 상승하면 어떻게 될까? 아버지가 친척에게 양도한 후 2년이 지날 무렵 주택 가격이 3,000,000,000원이라면 양도가액 3,000,000,000원에서 취득가액 2,000,000,000원을 차감한 후(장기보유특별공제 없음 2년 보유) 과세금액에 양도세율 42%(누진공제 35,400,000원)와 지방소득세 4.2%(양도소득세의 10%)를 적용하면 부담 세액이 423,060,000원이 된다. 아버지가 아들에게 증여할 시 세액 620,000,000원보다 아버지의 양도세 300,600,000원과 친척의 양도세 384,600,000 합이 큰 경우에는 3년 이내라도 증여로 추정되지 않는다. (친척은 해당 부동산을 취득할 능력이 되며, 양도 이익도 실질로 귀속되었다고 가정)

4-5

고가 양도, 저가 양수해도 된다던데?

아들의 결혼으로 고민에 빠졌던 아버지는 결정하였다. 아들의 결혼 선물로 아버지가 보유하고 있는 주택 2채 중 하나를 아들에게 양도하기로 하였다.

아들은 수년간의 직장 생활을 해 왔으며 탁월한 투자 능력으로 그동안에 투자 수익이 꽤 많으며 약간의 은행의 도움(?)으로 현재 유용할 수 있는 자금은 10억 원 정도이다. 추후 세무서의 자금 출처 조사 등에 대비하여 실제 아들의 자금 능력에 맞춰 아버지의 주택을 아들에게 10억 원에 양도하였다. (아버지는 10년 전에 10억 원을 주고 주택을 매입하고 현재 그 주택의 시가는 20억 원이다.) 하지만 얼마 후 아버지에게는 양도세가 아들에게 증여세가 고지될 예정이라는 세무서의 통지를 받았다. 이게 어떻게 된 일일까? 아버지는 그제서야 담당 세무사를 찾았고, 세무사에게 설명을 듣고는 아버지가 어떤 잘못된 선택을 했는지 깨달았다. 그럼 이제 그 세무사의 설명을 들어 보자.

"사장님! 증여라는 것이 단순히 현금이나 부동산등을 무상으로 주는 것만 과세되는 게 아닙니다. 불특정 다수, 일반사람들, 타인인 서로가 거래하는 시가보다 현저히 낮거나 높은 대가로 양수도 하는 경우에도 세금이 부과될 수 있습니다.

만약 시가보다 적은 금액으로 양도를 하게 되면 양도자 즉 해당 부동산을 판 아버지는 시가대로 양도했으면 양도세가 더 많이 계산되었을 텐데 아들에게 저가로 양도하면서 시가와 받은 대가의 차이만큼 양도세를 덜 신고한 것이 됩니다. 그래서 양도자에게는 양도세가 추가로 부과될 수 있습니다. 또 양수자에게는 즉 해당 부동산을 산 아들은 시세보다 적은 금액으로 부동산을 샀는데 만약 시세대로 해당 부동산을 샀다면 더 많은 금액을 지불했어야 하죠. 하지만 적은 금액으로 부동산을 샀기 때문에 그렇게 일반 사람들이 거래하는 시가와 지급한 대가의 차이만큼 혜택을 받았고 이렇게 아버지로부터 아들이 이익을 받았다고 볼 수 있어 이 금액에 대해 증여세가 부과될 수 있습니다."

아버지는 담당 세무사의 설명을 들어서 어느 정도 이해는 되었지만 온전히 받아들일 수는 없었다. 이제부터 '저가 양수 또는 고가 양도에 따른 증여재산가액'에 대해 자세히 알아보자.

상속세및증여세법 제35조 [저가 양수 도는 고가 양도에 따른 이익의 증여]

① 특수관계인 간에 재산(전환사채 등 대통령령으로 정하는 재산은 제외한다, 이하 이 조에서 같다)을 시가보다 낮은 가액으로 양수하거나 시가보다 높은 가액으로 양도한 경우로서 그 대가와 시가의 차액이 대통령령으로 정하는 기준금액(이하 이항에서 "기준금액"이라 한다) 이상인 경우에는 해당 재산의 양수일 또는 양도일을 증여일로 하여 그 대가와 시가의 차액에서 기준금액을 뺀 금액을 그 이익을 얻은 자의 증여재산가액으로 한다.

② 특수관계인이 아닌 자 간에 거래의 관행상 정당한 사유 없이 재산을 시가보다 현저히 낮은 가액으로 양수하거나 시가보다 현저히 높은 가액으로 양도한 경우로서 그 대가와 시가의 차액이 대통령령으로 정하는 기준금액 이상인 경우에는 해당 재산의 양수일 또는 양도일을 증여일로 하여 그 대가와 시가의 차액에서 대통령령으로 정하는 금액을 뺀 금액을 그 이익을 얻은 자의 증여재산가액으로 한다.

위의 세법규정을 보면 우선 특수 관계 유무에 따라 증여재산가액의 기준이 나뉘고 그 증여재산가액의 금액이 기준금액 또는 대통령령으로 정하는 금액에 따라 나뉜다.

첫째, 특수 관계가 있는 경우
- 무조건으로 판단하며(거래의 관행상 정당한 사유 여부불문),
- 증여로 판단되는 기준이 되는 금액이 시가의 30%와 3억 중 적은 금액 이상이면 증여로 보고 증여재산가액은 대가와 시가의 차액에서 위 금액을 뺀 금액으로 계산한다.

둘째, 특수관계가 없는 경우

- 거래의 관행상 정당한 사유가 없는 경우 판단하며,
- 증여로 판단되는 기준이 되는 금액이 시가의 30% 금액 이상이면 증여로 보고 이때 증여재산가액은 대가와 시가의 차액에서 3억을 뺀 금액으로 계산한다.

그리고 위의 거래는 저가 또는 고가의 양수도 거래로 한쪽의 양수자 또는 양도자에게 증여세 문제가 발생하면 다른 한쪽의 양도자 또는 양수자에게는 양도세 문제가 같이 발생하게 되므로 해당 거래에 따라 각자의 입장에서의 발생할 수 있는 문제를 확인해 보자.

(1) 시가보다 적은 금액 거래: 시가 9억 원의 토지, 건물을 대가 5억 원으로 양수도 한 경우

특수 관계가 있는 경우 시가와 대가의 차이 9억-5억= 4억 원이 시가 9억 원의 30%인 2.7억 원과 3억 중 적은 금액인 2.7억 원 이상으로 저가로 양수한 사람이 증여를 받은 것이 되고 그 증여재산가액은 (9억-5억)-2.7억= 1.3억 원이 된다.

저가로 양도한 사람은 일반 시세대로 팔았으면 9억 원을 받을 수 있는 거래를 저가 5억 원을 받으므로 부당히 양도세를 감소시키는 거래가 되어 양도세 부당 행위에 걸리게 된다. (양도세 부당 행위의 경우는 특수관계자 간 시가와 거래가액의 차액이 3억 원 이상이거나 시가의 5% 이상인 경우 해당한다: 9억 원-5억 원= 4억 원이 9억 원의 5%인 0.45억 또는 3억 원 이상으로) 양도자의 양도세계산 시 양도가액은 대가 5억 원이 아닌 시가 9억 원으로 계산된다.

특수 관계가 없는 경우에는 시가와 대가의 차이 9억-5억= 4억 원이 시가 9억 원의 30%인 2.7억 원 이상으로 저가로 양수한 사람이 증여를 받은 것이 되고 그 증여재산가액은 (9억-5억)-3억= 1억 원이 된다.

저가로 양도한 사람은 특수관계가 없기 때문에 양도세 부당행위에 적용되지 않아서 양도세 계산 시 양도가액은 대가 5억 원에 대하여 계산된다.

[표 1: 특수관계 있는 경우]

양도자		양수자
증여자		수증자
양도세부당행위판단		증여판단
특수관계 ○	9억 시가	특수관계 ○
(시가-대가)≲Min(3억, 시가×5%) (9억-5억)≲Min(3억, 9억×5%) 부당행위 ○	→ 5억 대가	(시가-대가)≲Min(3억, 시가×30%) (9억-5억)≲Min(3억, 9억×30%) 증여 ○
양도가액		증여재산가액
시가 9억		(시가-대가)-Min(3억, 시가×30%) (9억-5억)-Min(3억, 9억×30%) 1.3억

[표 2: 특수관계 없는 경우]

양도자		양수자
증여자		수증자
양도세부당행위판단		증여판단
특수관계 ×	9억 시가	특수관계 ×
판단하지 않는다 부당행위 ×	→ 5억 대가	(시가-대가)≥(시가×30%) (9억 -5억)≥(9억×30%) 증여 ○
양도가액		증여재산가액
아무런 영향 없다		(시가-대가)-3억
		(9억-5억)-3억
5억		1억

[참고]

양수자의 입장에서 해당 부동산을 추후에 양도할 때 취득가액은 당초 취득가액(5억)에서 증여재산가액을 더한 가액으로 한다. 특수관계가 있는 경우 5억+1.3억= 6.3억 원이 되고 특수관계가 없는 경우 5억+1억= 6억 원이 된다. (소득세법 시행령 제163조 10항)

(2) 시가보다 높은 금액 거래: 시가 5억 원의 토지, 건물을 대가 9억 원으로 양수도 한 경우

특수관계가 있는 경우 대가와 시가의 차이 9억-5억= 4억 원이 시가 5억 원의 30%인 1.5억 원과 3억 중 적은 금액인 1.5억 원 이상으로 고가로 양도한 사람이 증여를 받은 것이 되고 그 증여재산가액은 (9억-5

억)-1.5억= 2.5억 원이 된다. 시가인 5억 원 이상으로 받은 금액은 양도의 대가라기보다는 증여로 보고 과세 하였다. 그렇다면 고가 9억 원에 양도한 사람의 양도세는 어떻게 계산될까? 양도자의 양도가액 계산에 대해서는 특수관계의 유무에 차이가 없이 대가 9억 원 중 증여로 과세된 부분을 제외하고 남은 금액에 대해 양도세가 부과된다. 즉 양도가액 9억 원에서 증여재산가액인 2.5억을 뺀 6.5억 원에 대해 양도세를 계산하게 된다.

고가로 양수한 사람은 시가보다 더 많은 금액을 지급한 증여자에 해당하기 때문에 증여세의 문제는 발생하지 않지만. 추후 해당 자산을 양도할 때 양도가액에서 차감되는 취득가액의 계산 문제가 발생한다. 고가 양수자의 취득가액 계산 문제는 특수 관계의 유무에 차이가 있다. 고가로 양수한 사람은 시세대로 샀으면 5억을 지불할 것을 양도세를 부당히 감소시킬 목적으로 시세보다 높은 9억을 취득가액으로 했기 때문에 고가로 양수한 사람의 취득가액은 양도세 부당 행위에 해당되어(소득세법 시행령 제167조 4항) 시가인 5억으로 하여야 한다.

특수 관계가 없는 경우에는 대가와 시가의 차이 9억-5억= 4억 원이 시가 5억 원의 30%인 1.5억 이상으로 고가로 양도한 사람이 증여를 받은 것이 되고 그 증여재산가액은 (9억-5억)-3억= 1억 원이 된다. 고가 양도자의 양도가액은 9억에서 증여재산가액 1억을 뺀 8억 원이 되고 추후 양수자가 해당 자산을 양도할 때 고가 양수자의 취득가액은 아무런 영향 없이 취득한 금액 9억으로 계산된다.

[표 1: 특수관계 있는 경우]

양도자		양수자
수증자		증여자
증여판단		증여판단
특수관계 ○		특수관계 ○
(대가-시가)≧Min(3억, 시가×30%) (9억-5억)≧Min(3억, 5억×30%) 증여 ○	9억 대가 ← 5억 시가	증여 시 아무런 문제 없다
증여재산가액		추후 양도 시 취득가액 문제 (양도세 부당행위 판단)
(대가-시가)-Min(3억, 시가×30%) (9억-5억)-Min(3억, 5억×30%) 2.5억		특수관계 ○
		(대가-시가)≧Min(3억, 시가×5%) (9억-5억)≧Min(3억, 5억×5%) 부당행위 ○
양도가액		
9억-2.5억= 6.5억		취득가액 5억

[표 2: 특수관계 없는 경우]

양도자		양수자
수증자		증여자
증여판단		증여판단
특수관계 ×		특수관계 ×
(대가-시가)≧(시가×30%) (9억-5억)≧(5억×30%) 증여 ○	9억 대가 ← 5억 시가	증여 시 아무런 문제 없다
증여재산가액		추후 양도 시 취득가액 문제 (양도세 부당행위 판단)
(대가-시가)-3억 (9억-5억)-3억 1억		특수관계 × 아무런 영향 없다 부당행위 ×
양도가액		
9억-1억= 8억		취득가액 9억

4-6

배우자 등 이월과세, 특수관계자 양도세 부당행위

　어머니는 훌륭한 재테크를 통해 모은 돈으로 10년 전인 2012년에 신도시의 상가를 분양받았고, 분양 당시 분양가액이 4억 원이었다. 이때 분양받은 상가를 3년 전, 2019년에 아버지(어머니의 배우자)에게 증여하였다. 증여 당시 감정평가를 하여 감정가액 6억으로 증여세 신고를 하였고 배우자 증여공제 6억으로 납부한 증여세는 없었다. 현재 그 상가의 시세는 8억 원으로 증가하였다. 2022년에 상가를 매도할 계획이다. 대략 계산하여 보니 양도세가 5109만 원(지방소득세 별도) 정도 나오는 것 같아서 그냥 신고하려고 하다가 얼마 전 아버지에게 세금이 추징되는 것을(전장 4-5) 보고 담당세무사에게 미리 상담을 받기로 하였다. 상담은 성공적이었다. 아버지가 모르고 있는 사실이 있었다. 과연 어떤 내용이었을까?

배우자, 직계존비속에게 증여받은 부동산 등을 증여받은 후 일정기간 이내에 매도할 때는 일반적인 양도세 계산 방법이 아닌 다른 방법으로 양도세를 계산하도록 하고 있다.

소득세법 제97조의 2 [양도소득의 필요경비 계산 특례]

① 거주자가 양도일부터 소급하여 5년 이내에 그 배우자(양도 당시 혼인관계가 소멸된 경우를 포함하되, 사망으로 혼인관계가 소멸된 경우는 제외한다. 이하 이항에서 같다) 또는 직계존비속으로부터 증여받은 제94조 제1항 제1호에 따른 자산이나 그 밖에 대통령령으로 정하는 자산의 양도차익을 계산할 때 양도가액에서 공제할 필요경비는 제97조 제2항에 따르되, 취득가액은 그 배우자 또는 직계존비속의 취득 당시 제97조 제1항 제1호에 따른 금액으로 한다. 이 경우 거주자가 증여받은 자산에 대하여 납부하였거나 납부할 증여세 상당액이 있는 경우에는 제97조 제2항에도 불구하고 필요경비에 산입한다.

② 다음 각 호의 어느 하나에 해당하는 경우에는 제1항을 적용하지 아니한다.

　　1. 사업인정고시일 부터 소급하여 2년 이전에 증여받은 경우로서 「공익사업을 위한 토지 등의 취득 및 보상에 관한 법률」이나 그 밖의 법률에 따라 협의매수 또는 수용된 경우

　　2. 제1항을 적용할 경우 제89조 제1항 제3호 각 목의 주택[같은 호에 따라 양도소득의 비과세대상에서 제외되는 고가주택(이에 딸린 토지를 포함한다)을 포함한다]의 양도에 해당하게 되는 경우

　　3. 제1항을 적용하여 계산한 양도소득 결정세액이 제1항을 적용하지 아니하고 계산한 양도소득 결정세액보다 적은 경우

소득세법 제95조 [양도소득금액-장기보유특별공제]

④ 제2항에서 규정하는 자산의 보유기간은 그 자산의 취득일부터 양도일까지로 한다. 다만, 제97조의2 제1항의 경우에는 증여한 배우자 또는 직계존비속이 해당 자산을 취득한 날부터 기산하고…

일반적으로 양도세를 계산할 때는 양도가액에서 취득가액과 필요경비를 빼서 양도차익을 구하고 여기에 장기보유특별공제를 차감 후 양도소득금액이 나오면 양도소득기본공제 250만 원을 차감 후 양도소득세율을 적용해서 양도세를 계산하게 되는데, 위의 세법규정을 보면 이런 경우를 배우자 등 이월과세라고 한다. 배우자등 이월과세는 배우자등에게 증여 후 양도하는 모든 경우 중에 양도일 전 10년(2023년 전 증여분 5년) 이내 증여한 경우에만 양도세를 다르게 계산하고 있다. 이때 취득가액은 수증자의 취득가액(6억)이 아닌 증여자의 취득가액(4억)을 사용하여 양도차익을 계산하게 되고 10년(2023년 전 증여분 5년) 이내 증여에 대해 납부한 증여세가 있는 경우 양도차익에서 차감하는 필요 경비로 반영해서 뺄 수 있다는 내용이다.

또한 장기보유특별공제와 양도소득세율을 적용할 때에도 수증자의 취득일부터 양도일까지의 보유 기간으로 판단하지 않고 증여자가 해당 부동산등을 취득한 날을 기산으로 보유 기간을 계산하고 이에 따라 장기보유특별공제와 양도소득세율을 적용하고 있다. 아래 계산표를 보면 양도소득세가 어떻게 달리 계산되는지 한눈에 볼 수 있을 것이다.

	Ⅰ. 일반적인 경우	Ⅱ. 배우자 등 이월과세	비고
① 양도가액	8억	8억	2022년
② 취득가액	6억	4억	Ⅰ. 2019년/ Ⅱ. 2012년
③ 필요경비	0	0	납부한 증여세
④ 양도차익	2억	4억	①-②-③
⑤ 장기보유특별공제	12,000,000	80,000,000	Ⅰ. 3년 6% 적용/ Ⅱ. 10년 20% 적용
⑥ 양도소득금액	188,000,000	320,000,000	④-⑤
⑦ 양도소득기본공제	2,500,000	2,500,000	
⑧ 과세표준	185,500,00	317,500,000	⑥-⑦
⑨ 세율	38%	40%	⑧×⑨-누진공제
⑩ 산출세액	51,090,000	101,600,000	

(취득가액은 매입가액 하나만 반영, 취득세 등 반영 안함/양도소득지방소득세 포함 안 됨)

위의 계산 예로 보면 일반적인 경우와 배우자 등 이월과세의 경우 세액은 거의 2배 차이가 난다. 이 많은 세액을 어떻게 하면 피할 수 있을까?

첫째, 세법에서 10년이(2022년 12월 31일 세법 개정으로 개정 시행 이전에 증여받은 자산을 법 시행 이후에 양도하는 경우 5년)라는 기간 이 명시되어 있다. 이 기간이 아닌 증여 후 10년이 지난 후 양도를 하게 되면 이 규정을 적용받지 않고 일반적인 경우로 양도소득세를 계산할 수 있다.

둘째, 배우자 간의 증여 후 혼인 관계가 소멸되면 이 규정을 적용 받지 않는다, 하지만 이것을 이용하여 가장 이혼을 할 수도 있기 때문에 일반적인 혼인관계 소멸 사유인 이혼은 해당이 되지 않고 사별로 인하여 소멸된 혼인 관계인 경우 배우자 등 이월과세를 적용받지 않게 된다.

셋째, 수용 등의 경우는 납세자가 원해서 양도한 경우도 아니고 선택할 수도 없는 경우이기 때문에 배우자 등 이월과세를 적용하지 않고 있지만 이것 또한 모든 경우가 아닌 사업인정고시일 2년 이전에 증여가 이미 되어 있던 경우만 해당된다.

넷째, 이월과세 적용으로 수증자의 양도소득세 납부가 유리해지는 아래의 경우는 이월과세의 적용을 배제하고 있다.

① 배우자 등 이월과세가 적용되면 증여자를 기준으로 양도소득세를 계산할 때 적용되는 세율, 장기보유특별공제 등으로 인한 양도소득세액이 수증자가 양도소득세를 계산할 때보다 더 적게 계산되어질 때도 있다. 이렇게 되면 이월과세규정을 적용함으로써 조세회피를 방지하려는 세법의 취지에 반대가 되기 때문에 이월과세를 적용한 양도소득 결정세액이 미적용된 양도소득 결정세액보다 적은 경우 배우자 등 이월과세를 적용하지 않고 있다.

② 배우자 등 이월과세가 적용되어 증여자가 1세대 1주택 비과세를 혜택을 받는 경우도 수증자가 양도소득세가 유리해지는 경우에 해당되어 배우자 등 이월과세를 적용하지 않고 있다.

위 배우자 등 이월과세 규정에서 적용되는 관계는 배우자, 직계존속,

직계비속으로 규정한다. 그러면 이월과세가 적용되는 배우자 등이 아닌 이모, 삼촌, 조카 등 기타 친족(이하 특수관계인)과의 증여 관계를 이용해서 양도세를 줄일 수 있지 않을까? 현재 세법에서는 특수관계인에게 증여 후 10년(2023년 전 증여분 5년) 이내 양도하는 경우도 증여자가 직접 양도하는 경우로 보아 양도소득세를 계산하고 있다. 이런 경우를 양도소득세 부당행위계산이라고 부른다.

그렇다면 배우자 등 이월과세와 특수관계인 양도소득세 부당행위계산은 어떤 차이가 있는 것일까?

배우자 등 이월과세는 배우자, 직계존속, 직계비속의 관계에서 증여 후 배우자 등이 양도하는 경우는 그 실질 귀속이 실제 수증자에게 귀속이 되더라도-상가를 매매한 8억의 실질 소유가 수증자에게 귀속되더라도 배우자 등 이월과세 규정이 무조건 적용이 되지만 양도소득세 부당행위계산은 특수관계인에게 증여 후 특수관계인이 양도하는 경우 실질적으로 수증자에게 양도소득이 귀속되는 경우에는 적용하지 않고 있으며 양도소득세 부당행위계산이 적용되더라도 수증자의 증여세와 양도소득세를 합한 세액이 증여자가 직접 양도하는 경우로 보아 계산한 양도소득세보다 많으면 이 규정을 적용하지 않고 있다.

관계에 따라, 양도소득의 실질 귀속에 따라 적용되는 세법 규정을 잘 파악하여 미리 알고 사전에 세무사와의 상담을 통해 제대로 거래를 해야 세금을 절세할 수 있을 것이다.

5장

가업 승계의 비밀을 풀어 보자

5-1

창업자금 증여공제

(1) 창업자금에 대한 증여세 과세특례를 적용받은 경우를 알아보자

부유한 세대의 부모님이 자녀에게 상속이 아닌 생전에 증여를 하면 세금 부담이 매우 큰 편이다. 계산해 보면 일반 증여의 경우 10년간 통산, 10억을 증여하면 약 218백만 원, 30억일 경우 약 989백만 원, 50억일 경우 약 1,954백만 원의 증여세가 부과된다.

그러나 창업자금 증여공제 제도를 이용하여 증여하면 10억일 경우 50백만 원, 30억일 경우 150백만 원, 50억일 경우 450백 만원의 증여세가 부과한다.

세액만 보면 너무나도 좋은 세제지원이 아닌가. 다만 조건이 따른다.

실제 자녀가 창업을 해야 한다. 창업도 창업중소기업에 세제해택을 받지 않는 소비성 서비스업, 부동산업 등 상식적으로 생각해도 국가가 지원하지 않을 것 같은 업종의 창업은 배제되는 것이다. 세제지원되는 창업기업은 창업중소기업 지원세제를 적용받는 업종으로 보면 된다. 5장 마지막 페이지에 별도 표로 제시하겠다.

그러나 자녀가 건전하고 매우 능력이 있으며 믿음직한 자녀가 창업을 하겠다고 했을 때 이보다 좋은 세제 지원은 없을 것이다.

상당히 조건이 까다롭고 어렵고 귀찮다고 생각될지 모르지만 사실상 창업이 맞고 자녀가 건전하게 사업을 진행한다면 그 많은 조건들은 문제가 되지 않는다. 증여자와 자녀 수증자가 혹시라도 편법으로 증여할 것을 대비하여 법은 실제 창업이 아닐 경우를 대비하여 수많은 조건들을 나열하였다.

이런 세제 특례가 왜 발생했을까? 그 이유는 부모의 수명이 늘어나면서 상속이 일어나는 시점이 점점 늦어지고 출산 저하 등으로 젊은 세대가 줄어듦에 따라 젊은 경제 인구를 활성화하고 경제적 부유한 부모 세대에 묶여 있는 자금을 자녀들이 창업 등을 통하여 국가와 경제 발전에 이바지하도록 하기 위한 세제지원이다.

창업증여 세제지원의 요건들을 살펴보자.

1. 수증자(자녀)가 18세 이상의 거주자여야 한다. 기업을 2년 이내에 창업하여야 하고 4년 이내에 창업자금을 사용하여야 한다.

2. 증여자(부모)는 60세 이상이어야 하고 혹시 부모가 사망할 경우에는 할머니, 할아버지도 가능하다.

3. 세제지원하는 증여금액은 기본적으로 50억 원까지 가능하다, 다만 50억 원을 초과하여 100억 원까지 지원받으려면 10명의 고용창출이 필요하다. 특수관계자가 아닌 직원 10명을 고용함으로써 사회에 이바지할 경우 세제지원을 더해 주는 것이다.

4. 실제 창업이어야 한다. 기존의 이미 있던 사업을 합병하거나 양수하거나 하던 사업을 폐업한 후 다시 이어 가거나 개인 사업자인데 법인 전환한다거나 하는 편법은 용인되지 않는다. 다만 종전의 사업에 사용되던 자산을 인수, 매입하여 동종 사업 영위하는 경우로써 자산가액에서 인수, 매입한 사업용 자산이 50% 미만으로 시행령이 정하는 비율을 초과되지 않는 경우는 가능하다. 부모 세대의 노련한 창업 선택의 배려, 조언과 젊은 자녀의 열정과 창업의 자질이 조합이 되어 실제 창업이어야 한다는 것이다.

5. 증여하는 객체는 토지, 건물 등 부동산이어서는 안 된다. 다만 현금을 증여하여 부모의 재산 등을 정상적인 가격으로 구매하는 것은 가능하다. 양도소득세를 회피하기 위한 수단으로 사용되어서

는 안 된다는 것이다. 특수관계자와 거래하는 부동산은 역시 시가 등으로 거래되어야 한다. 또한 부모 등의 부동산을 구입할 때도 역시 창업과 연관되어져야 하는 것이다. 도소매업 창업을 위한 부모님의 상가를 구입하는 것 용인된다. 제조업을 하기 위한 부모님의 공장 구입하는 것 용인된다. 다만 시가로 구입해야 하는 것이다.

6. 창업하는 업종은 창업중소기업에 관한 세제지원 업종이다. 단란주점, 나이트클럽 등의 소비성 서비스업은 안 된다. 또한 양도세를 회피하기 위한 부동산 임대 등 부동산 관련 업종도 제외된다. [관련 업종 5장 마지막 페이지에 표로 제시]

7. 증여가 이루어진 달의 말일부터 3월 이내(증여세 신고 기한)에 과세특례 적용신청서를 제출하여야 한다.

(2) 창업증여 세제지원의 혜택을 알아보자

1. 적용되는 세율은 10%를 적용한다. 10%~50%까지의 초과누진구조의 일반증여세율이 아니라 10%의 단일세율을 적용한다.

2. 증여과세가액에서 공제액이 10년간 5억이다. 일반증여공제액은 직계존비속의 경우 10년간 5천만 원인 것에 비하면 매우 큰 세제지원이다.

3. 창업증여 세제지원 시 증여가액을 실제 상속 시 합산하여 계산한다. 일반증여는 사전증여 후 10년이 지나면 합산되지 않는다. 다만 일반 사전증여를 많이 할 경우 실제 상속 시 재산이 없으면 합산하는 증여재산이 상속공제 적용을 받지 못하기 때문에 의외의 결과로 난처한 경우를 당할 수 있는데 창업증여재산가액은 합산하는 증여재산으로 보지 않아서 상속공제의 효과가 배제되지 않는다.

성장률 측면에서 5%를 편하게 복리가 아닌 단리로 적용해 보자. 실제 부모와 자녀가 성장률이 비슷하다고까지 해 보자. 10년 후에 부모님이 사망할 경우 각 각 50%씩 성장했다고 보면 세제지원 없이 그냥 상속이 이루어졌다면 상속세 부담은 더욱 커졌을 것이다. 물론 자녀의 도전도 10년이 지난 다음 이루어졌을 것이다. 능력 있는 자녀라면 기회는 점점 줄어드는 것이다. 10%의 세율은 저자의 입장에서 볼 때 큰 절세이다.

4. 창업증여 세제지원은 일반증여와 별도로 진행이 가능하다. 과세표준 신고 기한까지 선택할 수 있으며, 양도소득세와 증여세의 이중과세를 피하기 위해서는 토지나 건물 등의 증여는 일반 증여를 선택하여 진행할 수 있다. 즉 창업증여를 받은 후 일반 증여를 받을 때 합산하여 처리되지 않음으로써 저율의 세율 구간 혜택을 받을 수 있다.

(3) 창업자금 지원세제의 불이익을 알아보자

1. 요건을 갖추지 않을 때 일반증여로 보고 세액을 다시 계산하여 증여세를 납부한다. 이때 이자상당액을 함께 추징한다.

2. 1명의 자녀가 가업증여 세제지원과 중복하여 받을 수 없다. 그러나 부모에게 유망한 사업과 미래 전망이 있는 사업이 있을 때 두 자녀가 있다면 한 명은 가업증여 세제지원을 또 한 명에게는 창업자금 세제지원을 받게 하는 것은 부모의 상속플랜이 될 수 있겠다. 평상시 부모의 사업에 관심이 많은 자녀와 그렇지 않은 자녀에게 각각의 기회를 주는 것은 저자에게는 [멋진 계획이다]는 인상을 준다.

3. 창업이 이루어진 후 5년간 사업을 유지해야 하며 10인 이상의 고용 창출도 5년 이상 유지하여야 한다. 이 조건이 매우 까다로우며 다양한 기업 변화에 대해 꼼꼼히 따져 봐야 한다.

4. 일반증여의 장점은 10년이 경과되면 상속세를 계산할 때 상속재산가액에 합산되지 않는 절세 효과가 있는데 창업자금 세제지원은 경과기간에 상관없이 상속재산가액에 합산되는 점을 비교하기를 당부하며 다음 장에서 제시해 보겠다.

5-2

사례로 보는 창업자금증여

사례 1) 창업자금증여 시

직계비속인 자녀에게 사업자금의 현금 8억 원을 증여한다고 가정해
보자. (이전에 증여한 적은 없었다.)

〈창업자금에 대한 증여세 과세특례제도 이용 시〉
증여세 과세표준: 8억 원-5억(일괄공제)= 3억 원
산출세액: 3억 원×10%= 30,000,000원
신고세액공제: 0(원)
납부세액: 30,000,000원

〈일반적인 증여〉

증여세 과세표준: 8억 원-5천만 원(직계존비속 증여재산 공제액)= 7억 5천

산출세액: 7억 5천×30%-0.6억 원(누진공제)= 165,000,000

신고세액공제(3%): 4,950,000원

납부세액: 160,050,000원

사례 2) 증여 후 10년 내 사망 시

증여자의 사망 시 상속재산이 20억 원이 있다고 가정할 경우(상속은 직계비속 단독상속이라고 가정→상속공제 5억 적용) 상속세 부담액 비교.

〈창업자금에 대한 증여세 과세특례제도 이용 시〉

상속세 과세표준: 20억 원+8억 원

산출세액: (28억 원-5억 원)×40%-1.6억 원= 7.6억 원

증여세액공제: 30백만 원

신고세액공제: 21.9백만 원

납부세액: 708.1백만 원

〈일반적인 증여〉

상속세 과세표준: 20억 원+8억 원

산출세액: (28억 원-5억 원)×40%-1.6억 원= 7.6억 원

증여세액공제: 165백만 원

신고세액공제: 17.85백만 원

납부세액: 577.15백만 원

사례 3) 증여 후 10년 이후 사망 시

증여자의 사망 시 상속재산이 20억 원이 있다고 가정할 경우(상속
은 직계비속 단독상속이라고 가정→상속공제 5억 적용) 상속세 부
담액 비교.

〈창업자금에 대한 증여세 과세특례제도 이용 시〉
상속세 과세표준: 20억 원+8억 원
산출세액: (28억 원-5억 원)×40%-1.6억 원= 7.6억 원
증여세액공제: 30백만 원
신고세액공제: 21.9백만 원
납부세액: 708.1백만 원

〈일반적인 증여〉
상속세 과세표준: 20억 원
산출세액: (20억 원-5억 원)×40%-1.6억 원= 4.4억 원
신고세액공제: 13.2백만 원
납부세액: 426.8백만 원

앞의 예에서 살펴본 것과 같이 10년 내에 증여자가 사망한 경우에는
상속세 신고납부 시 10년 내 사전증여재산이 합산되어 재계산되기 때
문에 과세특례제도를 이용한 것과 일반적인 증여의 경우가 큰 차이가
없음을 알 수 있다.

증여자가 증여 후 10년 이후에 사망한 경우 일반적인 증여의 경우에

는 사전증여재산이 상속세 계산 시 포함되지 않는 반면에 창업자금 증여세 과세특례를 적용받은 경우에는 10년 후라고 해도 상속세 과세가액에 가산해야 하기 때문에 오히려 전체적인 세금 부담이 커진다는 것을 알 수 있다.

따라서 창업자금에 대한 증여세 과세특례제도는 단순히 절세 효과가 있는 제도가 아님을 알 수 있다. 물론 위에서 예를 든 것은 재투자 수익률을 고려하지 않은 단순 계산으로써 자녀 세대의 재산 증식으로 인한 절세 효과는 배제한 것이다.

당장의 내일 일도 알 수 없기에 부모 세대가 언제 사망할지는 아무도 알 수 없다. 그렇다고 아무것도 하지 않으면 아무런 변화도 일어나지 않게 된다. 그렇기에 각 가정의 여러 가지 사정을 고려하여 절세 방안을 선택해야 할 것이다.

창업자금 증여세 과세특례 제도는 매력적이나 까다로운 조건들로 인하여 납세자들이 혼자 진행하기에는 다소 무리가 있다. 따라서 반드시 세무전문가의 도움을 받아 진행하기를 권고한다.

5-3

가업증여 세제 지원

성공한 기업가는 성공을 위해 젊음과 열정을 다 바쳐 기업을 일으켜 세웠다.

어느 순간 나이가 들고 늙어 가는 것을 막을 수가 없다. 내가 키운 기업이 영원히 번영했으면 한다. 물론 기업을 처분하거나 전문 CEO를 영입해 사회에 공헌하는 기업으로 유지할 수도 있으며 사회 환원할 수도 있다. 그러나 인류는 늘 남기고자 하였으며 그 대표적인 방법이 본인의 유전자를 품은 자녀들에게 물려주길 바랄 것이다.

그럼 여기서부터 문제가 시작된다. 자식들이 많다면 후계자 문제도 생각할 것이며, 1인에게 물려줄 것인지 다수에게 물려줄 것인지 고민이 되기 시작할 것이다.

또한 후계자를 선정하여도 내가 늙고 병든 상태에서 수많은 협력업체와 본인과의 유대관계가 끊기는 시점에서 후계자가 안정적으로 회사를 이끌어 갈 수 있을지도 고민이 된다. 대부분의 성공한 기업가는 자녀들을 인정하기가 어렵다. 그러니 본인이 강력할 때는 오히려 자녀들은 어린아이로만 치부되고 내가 키운 이 회사를 유지하기 힘들 것이라고 생각하는 오류를 범한다. 경험이 없는 자녀가 실제로 사망한 이후에 회사를 유지하기 힘든 것은 당연한 것이다.

또한 상속세 과세표준이 30억이 넘으면 50%의 세율이 넘는 현 상속세제 체제에서는 회사를 유지하는 자체가 힘들 수 있다. 그래서 후계자 조기 확정과 후계자 양성을 위한 가업을 이어 가는 시점을 선택하고 이러한 고민을 해결하기 위해서 가업상속, 가업증여에 관한 조세특례규정을 이해하고 적절한 조치를 취하고 상속 설계를 하여야 할 것이다.

(1) 가업의 승계에 대한 증여세 과세특례 요건들을 살펴보자

1. 수증자(자녀)가 18세 이상의 거주자여야 한다. 증여세 신고기한 내에 기업에 종사하여야 하고 3년 이내에 대표이사로 취임하고 증여일로부터 5년까지 대표이사를 유지하여야 한다.

2. 증여자(부모)는 60세 이상이어야 하고 혹시 부모가 사망할 경우에는 할머니, 할아버지도 가능하다. 10년 이상 가업을 유지해 왔어야 하며 특수관계자를 포함하여 40%(상장기업의 경우 20%)의

지분을 보유하였어야 한다.

3. 세제지원하는 증여금액은 기본적으로 600억 원까지 가능하다. 가
   업영위기간이 10년 이상은 300억 원, 20년 이상은 400억 원, 30년
   이상은 600억 원으로 가업영위기간에 다르게 적용한다.

4. 기본적으로 중소기업 및 중견기업(매출액 5천억 원 미만)법인이
   어야 한다. 개인사업자는 제외하며 10년 이상 가업 유지를 판단
   하는 경우 개인사업자가 법인전환한 경우에는 업종의 동일성을
   유지하면서 최대 주주인 경우에는 개인사업자의 가업 영위기간
   을 포함한다. 다만 법인 전환 과정에서 사업용 자산의 일부가 제
   외된 경우에는 개인사업자 영위 기간을 제외한다.

5. 증여하는 객체는 법인의 주식이나 출자 지분이어야 한다.

6. 가업 증여의 특례를 인정하는 업종은 창업중소기업에 관한 세제
   지원 업종이다. 단란주점, 나이트클럽 등의 소비성서비스업은 안
   된다. 또한 양도세를 회피하기 위한 부동산 임대 등 부동산 관련
   업종도 제외된다. [관련 업종 5장 마지막 페이지에 표로 제시]

7. 법인주식 중 가업자산상당액이어야 한다. 즉 주식 등 가액 중 사
   업용 자산비율에 상당하는 가액만 증여세 과세특례를 적용한다.
   법인의 자산 중 비사업용토지, 업무무관자산(대여금 등) 및 임대

하고 있는 부동산, 과다 보유 현금, 법인영업활동과 직접 관련이 없는 주식, 채권, 금융상품은 제외된다. 업무무관비율 등에 해당하는 주식의 가액은 특례를 배제하고 일반증여의 방식으로 과세된다.

8. 증여가 이루어진 달의 말일부터 3개월 이내(증여세 신고기한)에 과세특례 적용신청서를 제출하여야 한다.

(2) 가업증여 세제지원의 혜택을 알아보자

1. 적용되는 세율은 10%, 20% 2단계 누진구조를 적용한다. 60억까지는 10%, 60억 초과는 20% 세율을 적용한다. 참고로 일반증여세율은 10%-50%까지의 초과 누진구조로 과세표준이 30억을 초과할 경우 50%가 적용된다.

2. 증여과세가액에서 공제액이 10년간 10억이다. 일반증여공제액은 직계존비속의 경우 10년간 5천만 원인 것에 비하면 매우 큰 세제지원이다.

3. 가업증여 세제 지원 시 증여가액을 실제 상속 시 합산하여 계산한다. 일반증여는 사전증여 후 10년이 지나면 합산되지 않는다. 다만 일반 사전증여를 많이 할 경우 실제 상속 시 재산이 없으면 합산하는 증여재산이 상속공제 적용을 받지 못하기 때문에 의외의

결과로 난처한 경우를 당할 수 있는데 가업증여재산가액은 합산하는 증여재산으로 보지 않아서 상속공제의 효과가 배제되지 않는다. 합산되는 증여가액은 가업증여 당시 가액으로 합산되는 이점이 있다.

4. 가업증여 세제지원은 일반증여와 별도로 진행이 가능하다. 과세표준 신고기한까지 선택할 수 있으며, 양도소득세와 증여세의 이중과세를 피하기 위해서는 토지나 건물 등의 증여는 일반증여를 선택하여 진행할 수 있다. 즉 가업증여를 받은 후 일반증여를 받을 때 합산하여 처리되지 않음으로써 저율의 세율구간 혜택을 받을 수 있다.

(3) 가업증여 지원세제의 불이익을 알아보기로 한다

1. 사후관리는 5년간 가업 유지, 업종 유지, 지분 유지 등의 요건을 갖추지 않을 때 일반증여로 보고 세액을 다시 계산하여 증여세를 납부한다. 이때 이자상당액을 함께 추징한다.

2. 창업증여 과세특례와 중복하여 받을 수 없다. 부모에게 유망한 사업과 미래 전망이 있는 사업이 있을 때 두 자녀가 있다면 한 명은 가업증여 세제지원을 또 한 명에게는 창업자금 세제지원을 받게 하는 것은 후계자를 조기에 확정하여 가업의 안정을 유지할 수 있는 수단이 된다.

이 세제의 지원은 매력적이나 까다로운 조건들로 인하여 납세자들이 자체적으로 진행하기에는 다소 무리가 있다. 반드시 세법 조력자의 도움을 받아 진행하기를 권고한다.

5-4

가업상속공제

(1) 가업상속공제 의의와 가업상속 공제금액

기업을 영위하는 사업자가 사망하여 상속인들이 가업을 이어받는 경우 그 중소기업 등의 기술 및 기업 활동을 지속적으로 유지하고 발전시키고 성장시킬 목적으로 지원하는 제도가 가업상속공제 제도이다.

이 제도는 중소기업 등이 상속으로 인해 발생하는 세금부담 때문에 매우 정상적인 기업을 처분하거나 상장기업같은 경우는 기업에 대한 지배권을 잃을 수 있다.

유망한 중소기업의 소중한 기술들이 사라지고 사회적 고용 안정도 위축시키는 결과를 초래한 것으로 경제에 미치는 영향을 고려하지 않을 수 없다.

또한 요건 적용과 고용 유지, 자산 유지 등 사후관리 요건이 매우 까다로워 많은 조세전문가들조차 꺼리는 조세제도로써 큰 효과를 보았다 할 수 없다.

계속된 세법 개정을 통해 요건이 완화되었고 2023년 1월 1일 이후에 상속분에 적용되는 분부터는 상당 부분 완화되어 실효성이 확보됨으로 적극적으로 검토하여야 할 부분이다.

가업상속의 공제금액은 다음과 같다.
- 300억 원: 피상속인이 10년 이상 20년 미만 계속 경영한 경우
- 400억 원: 피상속인이 20년 이상 30년 미만 계속 경영한 경우
- 600억 원: 피상속인이 30년 이상 계속하여 경영한 경우

(2) 상속공제 기업요건

가업상속공제를 적용받으려면 우선 중소기업, 중견기업이어야 한다.

중소기업은 중소기업기준표 매출액 이내 법인으로서 실질적 독립성 기준에 적합하여야 하며 자산 총액 5천억 원 미만이어야 한다.

중견기업은 제조업 등 업종(5장 마지막 페이지에 별첨)으로써 실질적인 독립성 기준에 적합하고 직전 3개사업년도 평균 매출액이 5천억 원 미만이어야 한다.

(3) 가업상속공제 피상속인 요건

가업 상속을 받기 위해서는 거주자로써 피상속인이 10년 이상 계속 경영하여야 한다.

기업의 최대 주주인 경우로써 피상속인과 그의 특수관계인의 주식 등을 합하여 발행 주식총수의 40%(상장기업은 20%) 이상을 10년 이상 계속 보유하여야 한다.

피상속인이 대표이사로 일정한 기간 동안 재직하여야 하는데 대표이사 재직 기간은 다음 경우에 하나에 해당하여야 한다.

* 가업영위기간의 50%, 10년 이상의 기간, 상속개시일로부터 소급하여 10년 중 5년 이상의 기간.

피상속인 요건에서 주의할 사항은 다음과 같다.

대표이사 재직요건 중 대표이사는 공동대표, 각자대표를 모두 포함한다.

개인사업자의 법인전환할 경우에는 동일 업종이고 가업의 영속성이 인정되는 경우에는 개인사업자 기간을 가업기간으로 인정한다.

사전승계일 경우에도 피상속인이 10년 이상 재직 후 상속인이 승계하여 상속개시일까지 재직하는 경우에는 요건을 충족한 것으로 본다.

(4) 가업상속공제 상속인 요건

상속인도 실제로 가업을 이어 갈 수 있는지 검토하는 요건이다.

상속개시일 현재 18세 이상이어야 한다.

상속개시일 이전에 2년 이상 가업에 종사했어야 한다.

2년 이상 가업 종사 요건은 피상속인이 65세 이전에 사망했거나 천재지변 및 인재로 사망한 경우 등 갑작스럽게 가업을 이어나갈 준비하기 어려운 경우에는 예외로 한다. 또한 병역의무 질병 취학 등으로 종사하지 못한 기간이 있는 경우에는 그 기간은 가업종사기간으로 본다.

상속세과세표준 신고기한까지 임원으로 취임하고, 2년 이내에 대표이사 취임하여야 한다.

상속인 요건에서 주의할 사항은 다음과 같다.

1개 기업을 공동상속한 경우, 가업이 2개 이상인 경우도 개별적으로 가업상속이 가능하며, 둘 이상의 독립된 기업을 영위한 경우에는 계속 기간이 긴 기업의 가업상속재산가액부터 순차적으로 공제한다.

배우자도 18세 이상 요건, 2년 이상 가업종사 요건, 임원취임 요건 등을 모두 만족할 경우에는 가업상속이 가능하다.

가업상속공제 이후 상속인이 10년 이내 사망한 경우에는 재상속 받는 경우에는 가업상속을 적용할 수 없다. 상속인이 재차승계 시 이자 상당액의 50% 경감한다.

(5) 가업상속공제 가업상속재산의 범위 요건

소득세법을 적용받는 가업상속재산은 가업에 직접 사용되는 토지, 건축물, 기계장치 등 사업용자산의 가액에서 해당 자산에 담보된 채무액을 뺀 가액을 말한다.

법인세법을 적용받는 가업상속재산은 가업에 해당하는 법인의 주식 가액 등에 총자산 중 사업무관자산을 제외한 사업 관련 자산가액의 비율을 곱하여 계산한 금액을 말한다.

사업무관 자산은 다음과 같다.

주택 및 비사업용토지, 업무와 관련 없는 자산 및 타인에게 임대하고 있는 부동산 등 주임종대여금 등, 과다 보유 현금(직전 5개년 평균의 150%를 초과하는 경우), 법인의 영업 활동과 직접 관련 없이 보유한 주식, 채권, 금융상품, 자기주식.

사업용 자산의 범위 요건에서 주의할 사항은 몇 가지 있는데 다음과
같다.

상속개시일 전에 사업무관자산은 처분하고 대여금도 회수하여 기업
의 부채를 상환하는 방법, 사업용 자산을 구입하는 방법 등을 상속개
시일 이전에 상속 및 증여 컨설팅 등을 통해 절세 전략을 강구하여야
한다.

이때 중요한 점은 피상속인이 건강하고 충분히 절세 전략을 시행할
수 있는 시점에 이 제도를 알고 인식하여야 한다는 것이다.

5-5

가업상속공제 사후관리 요건

(1) 사후관리 요건

가업상속을 공제받은 후 상속개시일부터 5년 동안 사후관리하게 되
는데 정당한 사유 없이 일정한 요건을 갖추지 않으면 일정비율에 해당
하는 가업상속공제를 배제하여 상속세를 추징하고 이자상당액도 함
께 가산하여 부과한다.

① 자산 유지 요건

가업용 자산을 처분하여도 정당한 사유가 있는 경우에는 추징대상
에서 제외된다. 예를 들면 공익사업 등의 수용, 국가 등 기부, 법인전
환, 합병 분할 등, 조직 변경의 경우에도 계속 가업업종 영위, 내용연수

가 완료된 자산, 대체 자산을 취득한 경우, 연구 개발비로 사용한 경우, 가업상속받은 상속인이 사망한 경우 등이다.

- 가업용 자산을 5년 이내에 40% 이상 처분하는 경우

② 업종 유지 요건
- 상속인이 대표이사 등으로 종사하지 않는 경우
- 가업의 주된 업종을 한국표준산업분류에 따른 대분류 외의 업종으로 변경하는 경우
- 가업을 1년 이상 휴업(무실적 포함)하거나 폐업하는 경우

③ 지분 유지 요건
다음과 같은 사유로 상속인이 지분이 감소하거나 최대 주주에서 제외된 경우를 말한다.

- 상속인이 상속받은 주식을 처분하는 경우
- 상속인이 유상증자 시 실권 등으로 지분율이 감소한 경우
- 상속인의 특수관계자가 주식을 처분하거나 실권 등으로 지분율이 감소하여 상속인이 최대 주주 등에 해당되지 않는 경우
- 균등감자를 제외한 감자로 인하여 보유주식 수가 감소되는 경우

④ 고용 유지 요건
- 5년 통산하여 정규직근로자의 수 90% 고용 유지

- 5년 통산하여 총급여액 90% 이상 유지

⑤ 성실기업요건

사후관리기간에 조세포탈 또는 회계부정행위 등으로 다음의 일정한 기준을 초과한 경우를 말한다. 상속개시일 전에 10년 이내에 조세포탈 회계부정이 있는 경우에는 가업상속공제를 처음부터 배제한다.

- 포탈세액 등이 3억 원 이상이고 납부할세액의 30% 이상인 경우
- 포탈세액 등이 5억 원 이상인 경우
- 회계부정으로 인한 재무제표변경금액이 자산총액의 5% 이상인 경우

(2) 가업상속공제 신고절차와 사후관리 신고방법

가업상속공제를 적용받기 위해서는 상속세 신고기한 내에 상속세과세표준신고서와 함께 가업상속재산명세서 및 가업상속 사실을 입증할 수 있는 서류를 납세지 관할 세무서장에게 제출하여야 한다.

사후관리를 위반할 경우에는 사후관리 위반일의 말일부터 6개월 이내에 상속개시일 소급하여 상속세와 이자상당액을 포함하여 신고 납부하여야 한다.

(3) 가업증여공제와의 연계성

가업승계 증여공제를 받은 주식 등을 증여받은 후 상속이 개시되는 경우 상속일 현재 가업에 해당하고 수증자(상속인)가 주식을 처분하거나 지분율이 유지되는 경우로서 가업에 종사하거나 대표이사로 재직하고 있다면 가업상속공제를 적용할 수 있다.

추후 상속 시에도 당초 증여시점의 매출액 규모에 따라 가업상속공제 적용 여부를 판정한다.

5-6

상속세 납부유예 방식

　가업상속의 또 다른 방식이 도입되었다. 가업상속의 소득공제 방식이 아닌 일반적인 상속세를 납부유예하는 방식이다. 가업상속의 자산유지 요건, 고용유지 요건이나 업종유지 요건 등을 지키기 어려운 경우에는 납부유예 방식을 선택하여 진행하여야 할 것이다.

　납부유예 방식의 제도을 이용할 경우에는 이자상당가산액을 부담하여야 하며, 납세담보도 제공하여야 하지만 급하게 부동산을 처분하게 되어 현저하게 저가로 처리하거나 가업 운영 자체가 어렵게 되는 것을 막을 수 있다.

① 납부유예 적용 요건 및 사후관리 요건

- 가업상속 요건 중에서 중소기업이어야 한다.
- 사후관리는 5년이며 업종유지 요건은 면제한다.
- 고용유지 요건은 가업상속 요건에 비해 5년 평균 70%를 유지하여야 한다.
- 가업상속 요건 중 지분유지 요건은 갖추어야 한다.

납부사유는 사유발생일이 속하는 달의 말일부터 6개월 이내에 이자상당액과 함께 납부하면 된다.

사유발생일은 정당한 사유없이 사후관리 요건 위반, 1년 이상 휴업하거나 폐업, 상속인이 사망하거나 최대주주에 해당되지 않은 경우, 가업상속재산 양도, 증여하는 경우(단 40% 미만 양도, 증여는 제외), 정당한 사유 없이 상속인의 지분이 감소한 경우 등이다.

5-7

증여세 납부유예 방식

가업상속의 납부유예 방식과 함께 가업증여의 납부유예 방식도 도 입됨으로써 안정적으로 가업을 증여할 수 있도록 제도가 마련되었다.

가업증여의 10% 20% 저율의 세율 방식 대신에 납부유예 방식을 선 택할 수 있다.

가업상속의 납부유예 방식을 가져온 것으로 중소기업을 운영하시는 분들에게 장기적으로 원활하게 가업의 증여, 상속을 이루어질 수 있도 록 제도가 마련된 것으로 볼 수 있다. 세무사 등 전문가의 도움은 필수 요소라 할 수 있다.

납부유예 적용 요건, 사후관리 요건 및 납부사유는 가업상속의 납부 유예 방식을 채택하였으며, 납부 시 사유발생일이 속하는 달의 말일부 터 3개월 이내에 이자상당액과 함께 납부하면 된다.

가업상속공제를 적용받는 중소·중견기업의 해당업종
(제15조제1항 및 제2항 관련)

1. 한국표준산업분류에 따른 업종

표준산업분류상 구분	가업 해당 업종
가. 농업, 임업 및 어업 (01~03)	작물재배업(011) 중 종자 및 묘목생산업(01123)을 영위하는 기업으로서 다음의 계산식에 따라 계산한 비율이 100분의 50 미만인 경우 [제15조제7항에 따른 가업용 자산 중 토지(「공간정보의 구축 및 관리 등에 관한 법률」에 따라 지적공부에 등록해야 할 지목에 해당하는 것을 말한다) 및 건물(건물에 부속된 시설물과 구축물을 포함한다)의 자산의 가액]÷(제15조제7항에 따른 가업용 자산의 가액)
나. 광업(05~08)	광업 전체
다. 제조업(10~33)	제조업 전체. 이 경우 자기가 제품을 직접 제조하지 않고 제조업체(사업장이 국내 또는 「개성공업지구 지원에 관한 법률」 제2조제1호에 따른 개성공업지구에 소재하는 업체에 한정한다)에 의뢰하여 제조하는 사업으로서 그 사업이 다음의 요건을 모두 충족하는 경우를 포함한다. 1) 생산할 제품을 직접 기획(고안·디자인 및 견본제작 등을 말한다)할 것 2) 해당 제품을 자기명의로 제조할 것 3) 해당 제품을 인수하여 자기책임하에 직접 판매할 것
라. 하수 및 폐기물 처리, 원료 재생, 환경정화 및 복원업(37~39)	하수·폐기물 처리(재활용을 포함한다), 원료 재생, 환경정화 및 복원업 전체 소독, 구충 및 방제서비스업
마. 건설업(41~42)	건설업 전체
바. 도매 및 소매업(45~47)	도매 및 소매업 전체

사. 운수업(49~52)	여객운송업[육상운송 및 파이프라인 운송업(49), 수상 운송업(50), 항공 운송업(51) 중 여객을 운송하는 경우]
아. 숙박 및 음식점업 (55~56)	음식점 및 주점업(56) 중 음식점업(561)
자. 정보통신업(58~63)	출판업(58)
	영상·오디오 기록물제작 및 배급업(59). 다만, 비디오물 감상실 운영업(59142)은 제외한다.
	방송업(60)
	우편 및 통신업(61) 중 전기통신업(612)
	컴퓨터 프로그래밍, 시스템 통합 및 관리업(62)
	정보서비스업(63)
차. 전문, 과학 및 기술서비 스업(70~73)	연구개발업(70)
	전문서비스업(71) 중 광고업(713), 시장조사 및 여론조사 업(714)
	건축기술, 엔지니어링 및 기타 과학기술 서비스업(72) 중 기타 과학기술 서비스업(729)
	기타 전문, 과학 및 기술 서비스업(73) 중 전문디자인업 (732)
카. 사업시설관리 및 사업지 원 서비스업(74~75)	사업시설 관리 및 조경 서비스업(74) 중 건물 및 산업설 비 청소업(7421)
	사업지원 서비스업(75) 중 고용알선 및 인력 공급업(751, 농업노동자 공급업을 포함한다), 경비 및 경호 서비스 업(7531), 보안시스템 서비스업(7532), 콜센터 및 텔레 마케팅 서비스업(75991), 전시, 컨벤션 및 행사 대행업 (75992), 포장 및 충전업(75994)
타. 임대업: 부동산 제외(76)	무형재산권 임대업(764, 「지식재산 기본법」 제3조제1호 에 따른 지식재산을 임대하는 경우로 한정한다)
파. 교육서비스업(85)	교육 서비스업(85) 중 유아 교육기관(8511), 사회교육시 설(8564), 직원훈련기관(8565), 기타 기술 및 직업훈련 학원(85669)(2022.02.15 개정)

하. 사회복지 서비스업(87)	사회복지서비스업 전체
거. 예술, 스포츠 및 여가 관련 서비스업(90~91)	창작, 예술 및 여가관련 서비스업(90) 중 창작 및 예술관련 서비스업(901), 도서관, 사적지 및 유사 여가관련 서비스업(902). 다만, 독서실 운영업(90212)은 제외한다.
너. 협회 및 단체, 수리 및 기타 개인 서비스업(94~96)	기타 개인 서비스업(96) 중 개인 간병인 및 유사 서비스업(96993)

2. 개별법률의 규정에 따른 업종

가업 해당 업종

가. 「조세특례제한법」 제7조제1항제1호커목에 따른 직업기술 분야 학원

나. 「조세특례제한법 시행령」 제5조제9항에 따른 엔지니어링사업(2020.02.11 개정)

다. 「조세특례제한법 시행령」 제5조제7항에 따른 물류산업(2020.02.11 개정)

라. 「조세특례제한법 시행령」 제6조제1항에 따른 수탁생산업

마. 「조세특례제한법 시행령」 제54조제1항에 따른 자동차정비공장을 운영하는 사업

바. 「해운법」에 따른 선박관리업

사. 「의료법」에 따른 의료기관을 운영하는 사업

아. 「관광진흥법」에 따른 관광사업(카지노업, 관광유흥음식점업 및 외국인전용 유흥음식점업은 제외한다)

자. 「노인복지법」에 따른 노인복지시설을 운영하는 사업

차. 법률 제15881호 노인장기요양보험법 부칙 제4조에 따라 재가장기요양기관을 운영하는 사업(2020.02.11 개정)

카. 「전시산업발전법」에 따른 전시산업

타. 「에너지이용 합리화법」 제25조에 따른 에너지절약전문기업이 하는 사업

파. 「국민 평생 직업능력 개발법」에 따른 직업능력개발훈련시설을 운영하는 사업(2022.02.17 개정)

하. 「도시가스사업법」 제2조제4호에 따른 일반도시가스사업

거. 「연구산업진흥법」 제2조제1호나목의 산업(2021.10.19 개정)

너. 「민간임대주택에 관한 특별법」에 따른 주택임대관리업

더. 「신에너지 및 재생에너지 개발·이용·보급 촉진법」에 따른 신·재생에너지 발전사업

6장

상위 1%를 위한
절세 TIP
(증여)

생활비, 교육비, 치료비도 증여인가요?

60대 후반의 A 씨는 부동산임대업과 연금소득으로 월 1,000만 원 정도의 소득이 발생하고 있으며 부동산과 현금자산 등이 50억 원 정도이다.

자녀 2명은 30대 성인으로 근로소득이 있으며, 결혼하여 아이도 있다.

A 씨는 생활비와 교육비가 증여세 비과세에 해당한다는 이야기를 듣고 상속을 대비하여 결혼한 자녀와 손자 손녀에게 월 500만 원 정도를 생활비와 교육비로 주려고 한다.

이때 정말 생활비와 교육비가 증여세 비과세대상인지 의문이 생겼다.

사회 통념상 인정되는 이재구호금품, 치료비, 피부양자의 생활비, 교육비 등은 증여세 비과세대상이다.

사례의 경우 자녀가 근로소득이 있어 자력으로 생활할 수 있는 경우에 생활비 등을 지급하면 증여세 과세대상이다. 또한 손자 손녀도 부모가 소득이 있는 경우 할아버지가 생활비 등을 지급하게 된다면 이 경우에도 증여세 과세대상이다.

반면, 소득이 없는 자녀에게 생활비, 교육비 등을 지급하는 경우 자녀가 생활비, 교육비만으로 사용해야 증여세가 비과세된다. 생활비, 교육비의 명목으로 받은 후 당해 재산을 예금하거나 주식, 부동산 등의 매입자금으로 사용하는 경우에는 증여세가 부과되므로 조심해야 한다.

혼수용품도 증여세 비과세되지만 일상생활에 필요한 가사용품에 한하며, 호화 사치 용품이나 주택, 차량 등은 제외된다.

[추가 절세 팁]

결혼축의금은 원칙적으로 혼주와 결혼당사자의 하객에 따라 각각 귀속된다. 부모와 관련된 하객의 축의금은 부모에게 귀속되고, 결혼당사자와 관련된 하객의 축의금은 결혼당사자에게 귀속된다.

결혼축의금 전부를 결혼당사자인 자녀가 사용하게 된다면 증여세 문제가 발생할 수 있기 때문에 방명록 등의 내용을 바탕으로 하객을 구분하여 축의금을 각자 사용해야 증여세 문제가 발생하지 않는다.

조심2016서1353(2017.02.08)

[제목] 청구인이 부(父)부터 쟁점금액을 증여받았는지 여부

[요약] 일반적으로 결혼축하금이란 우리 사회의 전통적인 미풍양속으로 확립되어 온 사회적 관행에 따라 지급되는 것으로서, 「상속세 및 증여세법」 제46조 제5호 및 같은 법 시행령 제35조 제4항 제3호에서도 사회 통념상 인정되는 축하금 등에 대해서는 증여세를 부과하지 않도록 규정하고 있으므로 청구인에게 귀속되는 결혼축하금은 증여재산가액에서 제외하는 것이 타당함.

사례 2

가상화폐도 상속세 및 증여세 납부 대상인가요?

40대 B 씨는 가상화폐 자산에 5년 전부터 투자를 해 왔다.

원금 5천만 원을 투자해서 현재는 1억 5천만 원 정도의 투자 이익을 얻어 현재 가상자산 2억 원을 보유하고 있다.

B 씨는 가상자산을 자녀에게 증여하고 싶어 했는데 가상자산도 증여세 대상인지와 어떤 금액을 기준으로 해서 증여세를 부과하는지 의문이 생겼다.

증여세 과세대상은 증여로 인하여 수증자에게 귀속되는 모든 재산 또는 이익을 말한다.

따라서 금전으로 환산할 수 있는 경제적 가치가 있는 모든 물건을 포함하기에 가상자산도 상속세 및 증여세 과세대상에 포함된다.

가상화폐 거래소를 통해서 자녀에게 가상자산을 증여하면 국세청에서 정보를 파악할 가능성이 크다. 또는 거래소를 통하지 않고 증여하거나, 가상자산을 현금화하여 자녀에게 지급하는 경우 자녀가 증여받은 자산을 원천으로 등기, 등록되는 재산을 취득하게 되면 자금출처조사에 문제가 발생할 수 있으므로 사전에 증여세 신고를 해야 한다.

가상자산의 평가방법은 상증세법에 따라 국세청에서 지정한 가상자산 거래소 4곳의 평가 기준일 전후 1개월 평균가액으로 계산된다.

홈택스 사이트 '가상자산 일평균가격 조회'라는 메뉴에서 가상자산의 종류와 평가기준일을 입력하면 평가가격을 조회할 수 있다.

[추가 절세 팁]

가상자산도 상장주식(평가 기준일 전후 2개월)과 비슷하게 전후 1개월 평균가액을 평가가액으로 한다.

따라서 가상자산도 가상자산 가액의 하락이 예상되는 경우 하락 이후에 증여하게 된다면 증여가액이 낮게 평가되기 때문에 증여세를 절세할 수 있다.

사례 3

어릴 때부터 증여하면 얼마까지?

40대 C 씨는 자녀에게 미리 증여하는 것이 세금 측면에서 유리하다
는 얘기를 종종 들어왔다. 미리 증여하는 것이 왜 유리한 것인지 의문
이 생겼다.

증여세 계산은 증여재산가액에서 증여공제액을 차감한 증여세 과세
표준에 세율을 곱해서 계산된다. 이때 증여재산 공제액은 증여자가 누
군인지에 따라 다음과 같이 달라진다.

배우자: 6억 원

직계존비속: 5천만 원(미성년자 2천만 원)

기타 친족: 1천만 원

증여세 계산 시 증여일 전 10년 이내에 동일인으로부터 증여받은 재산의 과세가액의 합계액이 1천만 원 이상이면 합산하여 계산한다. 증여재산 공제액도 10년 이내에 공제받은 금액을 합쳐서 계산한다.

따라서 10년간 미성년자 자녀에게는 2천만 원까지 증여세 없이 재산을 증여할 수 있고, 자녀가 성년이면 5천만 원까지 증여세를 납부하지 않는다.

[추가 절세 팁]

자녀에게 증여세 없이 증여하는 방법은 자녀가 태어나자마자 2천만 원을 계좌이체 및 증여세 신고 후 2천만 원으로 정기예금 상품 또는 주식 등에 투자하는 방법이 있다.

그리고 10년이 지난 후 또다시 2천만 원을 계좌이체 및 증여세 신고 후 같은 방식으로 정기예금 상품 또는 주식 등에 투자한 후 10년 후 성년이 되면 5천만 원을 계좌이체 및 증여세 신고를 하면 된다.

이때 주의할 점은 주식에 투자하는 경우 부모가 자녀의 주식계좌를 이용해서 매수, 매도를 자주 하게 된다면 자녀가 직접 통장을 운용하지 않았기 때문에 추후 주식 양도차익으로 불어난 금액에 대해 추가적인 증여세를 부과받을 수 있다.

따라서 자녀가 직접 주식 계좌를 운용할 수 있기 전까지는 빈번한 주식 매수, 매도를 하지 말아야 한다.

이렇게 증여를 하게 된다면 자녀는 태어나서부터 성인이 될 때까지 증여받은 자금을 부동산 취득 또는 사업 자금의 종잣돈으로 사용할 수 있게 된다.

사례 4

부모님께 금전을 얼마까지 빌려도 되나요?

60대 D 씨의 자녀가 결혼하게 되었다. 자녀의 전세자금이 부족해서 일부분을 본인이 자녀에게 빌려주려고 한다. 부모와 자식 간 금전을 빌리는 것은 인정이 되지 않으며, 증여로 본다고 들었는데 증여세를 내지 않고 빌리는 것이 가능한지 의문이 생겼다.

부모와 자식 간에도 금전 거래 즉 돈을 빌려주고 빌리는 것을 할 수 있다.

다만 부모와 자식 간 금전거래는 세무서에서 증여로 추정하기 때문에 금전거래를 뒷받침할 수 있는 증거자료가 필요하다.

증거자료로는 차용증 작성, 이자의 지급, 그리고 이자를 지급 받은 자는 비영업대금이익에 해당하여 이자소득에 대한 소득세 신고를 해야 한다.

현재 상증세법상 4.6%의 이자율로 정하고 있고 실제 이자액과 4.6% 이자율의 차이가 1천만 원 이상이면 그 차액을 증여로 보고 증여세를 부과한다.

2억 원을 빌려주는 경우 2억 원의 4.6%는 920만 원으로 1천만 원 이하에 해당하여 증여세가 부과되지 않기 때문에 2억 원 차입하면서 무이자로 하는 경우가 있다. 무이자의 경우 이자 지급이 없으므로 자금 대여 인정이 안 될 가능성이 있으므로 차용증에 이자 및 원금 상환에 관해서 내용을 작성한 후 매달 이자를 지급하거나 원금을 지속해서 상환해야 자금 대여로 인정받을 수 있다.

[추가 절세 팁]
차용증의 경우 공증 또는 내용증명의 형태로 작성하는 것이 좋다. 그래야 금전 대여 당시 차용증을 작성했다는 것이 명확해지기 때문이다. 차용증에는 구체적인 이자 지급 및 원금 상환에 관한 내용을 작성하고 이를 바탕으로 이자 지급 및 원금 상환을 실행한다면 금전 대여로 인정받을 수 있다.

또한, 자녀에게 전세자금 또는 주택 취득자금 전체금액을 금전 대여 형태로 하는 것보다는 10년간 증여한 적 없다면 일부 금액은 증여의 형태로 한 후 증여세를 신고하는 것이 좋다.

직계존비속 간에는 성년의 경우 5천만 원까지는 증여공제로 인하여 증여세가 없고, 증여공제 후 1억 원까지는 10%의 증여세율을 적용받을 수 있다.

이혼 시 재산분할과 위자료 중
어느 것이 유리한가요?

　30대 부부 E와 F는 결혼 후 아파트 2채를 구매하였다. 아파트의 현재 시세는 한 채당 4억 원으로 총 8억 원이다. 다른 재산은 없는 상태에서 협의이혼을 고려하고 있다. 이 경우 아파트를 어떻게 배분을 해야 하는지 의문이 생겼다.

　부부가 이혼하는 경우 재산을 이전하는 방식으로는 재산분할과 위자료 두 가지 방식이 있다.

　재산분할은 혼인 중 취득한 재산 일부를 분할 청구하는 것으로 이러한 경우 환원받은 재산에 대해 양도 또는 증여로 보지 않는다. 또한 본인의 자산을 환원받는 것에 해당하기에 취득세도 낮은 세율이 적용된다. 취득시기 및 취득가액도 당초에 취득한 날을 취득시기로 보고 취득가액도 당초 취득가액을 적용한다.

따라서 1세대 1주택 비과세를 받기 위한 보유기간 및 거주기간에서 유리하게 적용받을 수 있다. 다만 비과세에 해당하지 않으면서 양도차익이 크다면 불리할 수 있다.

위자료는 한 배우자의 위법 행위에 따라 상대방이 입은 정신적 손해에 대해 배상하는 것이다. 위자료를 지급받는 자는 정신적 손해에 대한 배상이므로 증여도 아니고 과세대상 소득에도 해당하지 않는다. 소득세법상 기타소득으로 과세하는 경우는 계약의 위약이나 해약으로 받는 손해배상금만 해당한다.

취득시기는 일반적인 매매와 마찬가지로 등기접수일이고 취득가액은 양도가액인 위자료 금액이 된다. 이 경우 보유기간 및 거주기간에서 불리하게 적용받지만 취득가액이 올라가는 효과가 있어 추후 양도 시 양도차익이 적어질 수 있다.

다만, 이혼 위자료를 금전으로 지급하지 않고 아파트와 같은 부동산으로 지급하는 경우 위자료를 지급하는 사람은 양도소득세 납세의무가 발생한다. 즉, 아파트를 양도 후 현금을 지급한다고 생각하면 된다. 다만 1세대 1주택 비과세 요건을 갖춘 경우 양도소득세 비과세에 해당한다.

따라서 세금 측면에서 살펴보면 재산분할과 위자료 결정 시 1세대

1주택 비과세, 주택 수, 양도차익 크기를 검토하여 결정해야 한다.

[추가 절세 팁]

이혼으로 인하여 재산분할 또는 위자료 지급 방법 외에 이혼 전에 배우자 간 증여하는 방법도 고려할 수 있다. 배우자 간에는 10년간 6억 원의 배우자공제를 적용받을 수 있어서 증여세 없이 6억 원까지는 증여할 수 있다.

이 경우 6억 원까지는 증여세가 없고, 취득가액도 증여 당시 가액으로 적용받아 취득가액이 올라가는 효과를 볼 수 있다. 다만 이때 취득시기는 증여접수일이 취득시기가 된다.

사례 6

할아버지와 아버지로부터 증여받을 시 순서에 따라 증여세가 달라진다고?

30대 G 씨는 결혼을 하게 되면서 신혼주택 자금 등을 위하여 할아버지와 아버지로부터 각각 1억 원을 증여받기로 했다. 할아버지와 아버지로부터 증여 시 증여세는 어떻게 되는지 알아보자.

할아버지와 아버지로부터 증여 시 증여세 관련 규정을 간략하게 정리해 보자.

• 증여세 신고 기준- 4-2. 증여세 계산 구조 파악의 case 2를 참고하자. 증여자가 동일인이 아닌 경우 증여세 신고서는 증여자별, 수증자별로 각각 작성하며 아버지의 증여재산과 할아버지의 증여재산을 구분하여 신고한다. 아버지와 어머니는 동일인으로 보고

할아버지와 아버지는 동일인으로 보지 않는다.

- 증여재산공제- G 씨는 미성년자가 아니므로 직계존속으로부터 증여시 5천만 원의 증여재산공제가 적용된다. 단, 10년 동안 직계존속(할아버지와 아버지 포함)으로부터 증여 시 공제받을 수 있는 한도이다.

- 세대생략할증세액- 증여자가 증여자의 자녀가 아닌 직계비속, 즉 조부모가 손자녀에게 증여하는 경우 증여세 산출세액에 30%에 상당하는 금액을 가산한다.

할아버지와 아버지로부터 증여받을 시 3가지 경우가 있을 수 있다. 1) 할아버지와 아버지로부터 같은 날 증여받는 경우, 2) 할아버지로부터 먼저 증여받은 후 아버지로부터 증여받는 경우, 3) 아버지로부터 먼저 증여받은 후 할아버지로부터 증여받는 경우이다.

위의 세 가지 사례별로 발생되는 증여세를 계산해 보자.

	1) 같은날 증여			2) 할아버지 증여후 아버지 증여			3) 아버지 증여후 할아버지 증여	
	할아버지	아버지		할아버지	아버지		할아버지	아버지
증여재산가액	100,000,000	100,000,000	증여재산가액	100,000,000	100,000,000	증여재산가액	100,000,000	100,000,000
증여재산공제	25,000,000	25,000,000	증여재산공제	50,000,000	-	증여재산공제	-	50,000,000
과세표준	75,000,000	75,000,000	과세표준	50,000,000	100,000,000	과세표준	100,000,000	50,000,000
세율	10%	10%	세율	10%	10%	세율	10%	10%
증여세산출세액	7,500,000	7,500,000	증여세산출세액	5,000,000	10,000,000	증여세산출세액	10,000,000	5,000,000
세대생략할증세액 (30%)	2,250,000	-	세대생략할증세액 (30%)	1,500,000	-	세대생략할증세액 (30%)	3,000,000	-
신고세액공제	292,500	225,000	신고세액공제	195,000	300,000	신고세액공제	390,000	150,000
납부세액	9,457,500	7,275,000	납부세액	6,305,000	9,700,000	납부세액	12,610,000	4,850,000
세액 합계	16,732,500		세액 합계	16,005,000		세액 합계	17,460,000	

세 가지 사례별 G 씨가 납부해야 할 세금이 차이가 나는 것을 볼 수 있다. 증여재산공제의 적용이 달라져서이다. 할아버지로부터 증여 시 산출세액이 높아지는 경우 세대생략할증세액도 늘어난다. 조부모님과 부모님으로부터 증여를 받을 계획을 가족 내 세우고 있다면 조부모님으로부터 먼저 증여받는 경우 절세가 가능하다 할 것이다.

[추가 절세 팁]

현금증여(예금이전)의 경우 증여재산의 취득시기는 그 입금일을 증여시기로 본다. 조부모와 부모로부터 증여 시 증여계약서 및 이체확인증으로 명확하게 부모보다 조부모의 증여일이 빠른 날임을 확인할 수 있게 진행하여야 함에 유의하여야 한다.

사례 7

장애인 자녀를 위해서 증여세 없이 증여하는 연금보험

서울에서 거주하는 F 씨에게는 풀리지 않는 고민이 있다. F 씨에게는 슬하에 딸이 둘 있는데 그중 막내딸이 선천적인 병으로 인한 장애를 가지고 있다. 평생을 장사를 하며 아끼고 모아 둔 재산이 제법 있지만 막내딸을 생각하면 가슴이 아프고 이 아이가 혼자 남겨질 것을 생각하면 막내의 미래가 불안하기만 하다. 건강이 허락된다면 옆에서 계속 지켜 주고 싶지만 그건 누구도 장담할 수 없는 일이니 경제적으로라도 어렵지 않기만을 바랄 뿐이다. 아마도 F 씨처럼 장애인 자녀를 두고 계신 분이라면 모두가 공감하고 있을 부분이며 건강이 허락된다면 우리 아이보다 하루만이라도 더 살아서 케어해 주고 싶으신 것이 모든 장애인의 부모 마음일 것이다.

장애인의 부모님의 건강을 챙겨 드릴 순 없지만 증여세 비과세규정 중 장애인 보험을 활용한다면 세금 없이 증여하는 좋은 팁이 될 것이다. 증여세법에서 규정하는 비과세 규정 중 하나인데 '장애인을 보험금 수령인으로 하는 보험으로서 대통령령으로 정하는 보험의 보험금'이라고 규정되어 있으며 대통령령에서는 해당 보험금을 연간 4천만 원을 한도로 하고 있다.

보험은 그 역할에 따라 계약자, 피보험자, 수익자(통상 계, 피, 수라고 한다.)로 구분하고 있는데 계약자는 보험을 계약하고 보험료를 납입하는 자를 말한다. 피보험자는 보험금이 발생하는 원인을 제공하는 자이며, 사망, 질병 등 보험의 대상이 되는 자이다. 수익자는 피보험자에게 보험금 지급사유가 발생하면 해당 보험금을 수령하는 자이다.

계약자, 피보험자, 수익자는 1인이 모두 할 수 있지만 수인이 각각 할 수도 있다. 이때 계약자와 수익자가 다른 경우 수익자는 보험료를 지불하지 않고 보험금을 수령하게 되는데 이때 보험금을 무상으로 지급받으므로 해당 보험금은 증여세 과세대상이 되는 것이 일반적인 보험금의 증여인 것이다. 하지만 예외적으로 위에서 기재한 바와 같이 장애인을 보험금수령인(수익자)로 지정한 경우에는 연간 4천만 원을 한도로 하여 비과세한다는 것이다. 연간 4천만 원까지만 비과세이므로 연금보험을 활용하여 연간 연금수령액을 4천만 원가량에 맞추는 것이 비과세 효과를 극대화될 것이다.

아울러 연금수령액이 연간 4천만 원이 되려면 납입액이 대략 12억 원 정도되므로 부모님은 12억에 대한 증여세 약 3억 원을 절세할 수 있으며 장애인 자녀의 미래 수익도 창출할 수 있는 방법이 될 것이다.

사례 8

불경기와 세금 어떤 관계가 있을까?

사업자뿐만 아니라 대부분의 사람들은 불경기가 오면 매우 힘들다. 사회에 자금 회전은 불안정하고, 주식은 폭락하고, 부동산까지 폭락하는 경우가 있다. 물가는 오르고 사업하시는 분들도 매우 힘든 경우가 많다.

그러나 이러한 위기는 기회다라고 비즈니스적인 측면에서 많은 전문가들은 이야기하고 있다.

부동산이나 주가가 저가로 폭락했을 때 투자하라고 말하지만 실제로 대부분의 사람들은 이미 주식에 투자하여, 부동산에 투자하여 폭락을 경험하고 있는 경우이며, 안정투자자인 정기예금 등만을 보유하고 있는 투자자들은 평상시 투자에 익숙하지 않으며, 오히려 불경기에 투자 의지는 더더욱 꺾이게 된다.

이러한 불경기와 세금은 어떠한 관계가 있을까 생각해 볼 필요가 있다. 평상시 자녀들에게 사전증여나 상속설계를 걱정하고 있는 분이라면 이 불경기는 놓쳐서는 안 된다. 정말 좋은 사전증여 시기이기 때문이다.

① 불경기로 주가가 폭락하는 경우

자녀에게 사전증여를 계획 중인 어떠한 증여자가 주가가 40%, 50% 폭락하고는 있지만 언젠가 경기 순환에 따라 안정적으로 회복할 만한 주식이 있다면 명백한 증여시기이다.

② 불경기로 아파트가 실제거래가액이 폭락하는 경우

평상시 아파트 등 증여하려고 맘먹었던 분들은 실지거래가액을 공시하는 아파트에 대해서 수시로 검색할 필요가 있다. 불경기가 계속되어도 부동산 가액은 쉽게 하락하지 않으므로 불경기가 오래된다면 수시로 검색하여 증여시기를 탐색하여야 할 것이다.

[추가 절세 팁]

불경기가 계속되면서, 반대로 이자율이 급등되는 시기도 있다. 이러한 시기에는 특히 불경기가 상당 기간이 지속되면서 대출로 집을 사는 수요층이 급격히 줄어들어, 부동산이 하락하기 쉽고 현금 등을 증여하

여 저가로 하락된 부동산을 취득하게 하는 방법이있다. 특히 자녀의 1
주택을 지원하기에 최적의 시기이다.

7장

상위 1%를 위한 절세 TIP (상속)

치료비는 부모님 계좌에서

70대에 은퇴한 사업가 A 씨는 배우자와 결혼해서 출가한 자녀 2명이 있다.

A 씨의 현재 재산은 부동산과 은행예금 등을 합쳐서 50억 원 정도이다.

이제 나이도 있고 상속세를 생각하는 중 정기적인 건강검진 결과에서 암이 발견되어 대학병원에서 항암치료를 받았다. 다행히 항암치료의 효과는 좋았다.

항암치료 후 암 재발 방지에 좋다는 암요양병원에 입원 및 통원 치료를 받기로 하였다.

대학병원 항암 치료비 등은 다행히 건강보험 혜택으로 큰 금액이 나오지 않기에 자녀들이 병원비를 직접 부담한다고 하여 A 씨도 경황이 없는 나머지 일단 자녀들이 병원비를 부담하였다.

그 이후 계속적으로 큰 비용이 발생하는 암요양병원 치료비도 자녀들이 부담한다고 하는데 항암치료 때는 경황이 없어서 그러한 선택을 했지만 이번에는 '상속에 대비하여 본인이 직접 병원비를 부담하는 게 좋지 않을까?' 하는 생각이 들었으며 이것이 현명한 선택인지 의문이 생겼다.

상속세는 기본적으로 사망일 기준 피상속인의 상속재산을 기준으로 부과된다.

피상속인의 병원비를 피상속인 카드 결제, 병원 계좌로 직접 이체, 피상속인 계좌에서 현금 인출 후 병원에 직접 수납(병원비 진료영수증으로 소명해야 함) 이런 방식으로 직접 부담한다면 피상속인의 상속재산이 감소하게 됨으로써 자연스럽게 상속세 감소 효과를 볼 수 있다.

만약 병원비를 피상속인이 직접 부담하지 않고 자녀들이 부담한다면 피상속인의 재산은 감소하지 않으므로 상속세는 변동이 없다. 즉 부모님 병원비를 자녀가 부담하는 경우 상속세 측면에서는 불리한 점이 발생하게 된다.

[추가 절세 팁]

만약 불가피한 사유로 자녀들의 신용카드로 병원비 등을 결제하였다면 빠른 시일 내에 병원비 금액 상당액을 자녀 계좌로 이체 후 신용카드 영수증, 진료영수증 등을 바탕으로 소명 절차를 거쳐야지만 병원비 대납으로 인정받을 수 있다. 하지만 추가적인 논쟁을 피하기 위해서는 가능한 피상속인이 직접 병원비를 부담하는 것이 바람직하다.

상속세 납부 시 상속인 중 누가 납부하는 것이 유리한가요?

60대 직장인 B 씨는 배우자와 30대 자녀 2명이 있다.

B 씨는 교통사고로 인하여 급작스럽게 사망하게 되었다.

B 씨의 상속재산은 시가 30억 원 상당의 부동산, 퇴직금 및 퇴직위로금 2억 원, 사망보험금 2억 원, 각종 금융재산 4억 원이 있다. 배우자가 8억 원을 상속받고 사전증여재산 등은 없으며 장례 비용은 1천만 원으로 가정한다.

이 경우 상속세를 계산해 보자.

총 재산가액: 38억 원

장례 비용: 1천만 원(장례 비용은 1천만 원 한도)

상속세 과세가액: 37억 9천만 원

상속세공제액: 14억 2천만 원(일괄공제 5억 원, 배우자공제 8억 원,

금융재산공제 1억 2천만 원)

상속세 과세표준: 23억 7천만 원

산출세액: 788,000,000원

신고세액공제: 23,640,000원(산출세액의 3%)

납부할세액: 764,360,000원

피상속인의 배우자도 충분한 재산이 있다면 추후 배우자가 사망하는 경우 또 다시 상속세가 과세된다. 상속받은 재산은 배우자의 자산으로 구성되고, 이는 상속세가 중복과세되는 상황이 발생한다. (10년 이내 단기상속의 경우 재상속분에 대해서는 단기상속세액공제이 있기는 하다.)

피상속인의 배우자가 연금 및 본인의 재산으로 여생을 여유롭게 살아갈 수 있다는 가정하에 피상속인의 재산 중 상속세 상당액만 상속받고 나머지는 자녀들이 상속받는 것이 유리하다. 상속세는 원칙적으로 각자가 받았거나 받을 재산을 기준으로 계산한 금액을 비율대로 납부할 의무가 있다.

하지만 상속세는 상속인 간에 연대납세의무가 적용된다. 다시 말해 연대납세의무자로서 다른 상속인의 상속세를 각자가 받았거나 받을

상속재산 한도 내에서 대신 납부하게 되면 증여세가 면제된다.

사례를 살펴보면 상속세 상당액인 8억 원만 배우자가 상속받아 상속세 764,360,000원 전체를 배우자가 납부하여도 배우자가 상속받은 재산 상당액에서 상속세를 납부했으므로 증여세가 부과되지 않고 다른 상속인들은 상속세 부담 없이 상속받을 수 있게 된다.

[추가 절세 팁]

배우자상속공제액은 한도금액이 있으며 기본적으로 배우자가 실제 상속받은 금액을 기준으로 계산된다. 이러한 상황에서 배우자가 실제 상속받을 금액을 적절하게 결정하고 연대납세의무를 이용한다면 상속세 및 증여세를 절세하는 효과를 얻을 수 있다.

배우자 상속공제액

1. 분할기한 내에 배우자 상속재산을 분할한 경우
   배우자 상속공제 한도액= min(①, ②, ③)
   ① 배우자가 실제 상속받은 금액
   ② (상속재산가액×법정지분율)-배우자 사전증여재산의 증여세 과세표준
   ③ 30억 원
2. 배우자가 실제 상속받은 금액이 없거나 실제 상속받은 금액이 5억 원 미만인 경우
   배우자 공제액= 5억 원

사례 3

상속인은 상속재산을 어떻게 나누어야 할까?

일반적으로 특별한 사정이 없는 경우 법정상속순위에 따라 나뉘게 되는데, 사전에 미리 부모로부터 재산을 받았다거나 부모님의 봉양에 더 힘을 썼거나 하는 경우 등 상황이나 환경에 따라 상속재산을 상속인들 간에 협의해서 나누기도 한다. 이런 과정에서 다툼이나 싸움이 발생하기도 하여 기본적인 권리에 대해 법에서 법정상속순위를 나누고 있다.

> 1순위: 직계비속(상속지분 1)+배우자(상속지분 1.5)
> 2순위: 직계존속(상속지분 1)+배우자(상속지분 1.5)(직계비속이 없는 경우)

3순위: 형제자매(1순위와 2순위가 모두 없는 경우)

4순위: 4촌 이내 방계혈족(선순위 상속인이 모두 없는 경우)

예시) 남편 사망 시 배우자와 자녀 2명의 법정상속지분율은 1.5:1:1
    이 된다. 전체 상속재산에 대해 배우자가 1.5/(1.5+1+1), 두 자
    녀가 1/3.5씩 법정상속권리를 갖는다.

상속인들이 조화롭게 상속재산을 협의해서 분할하게 된다면 위의 법정상속지분이 아닌 협의한 지분에 따라 상속재산을 분할할 수 있다. 이러한 분할은 소송 등 특별한 경우를 제외하고 상속세 신고기한 전까지 하여야 하며 신고기한 후 이미 등기, 등록 등이 이루어져 확정된 상속분이 분할로 변경되는 경우 증여세가 부과될 수 있다.

아버지가 돌아가시면서 주택, 상가, 예금을 남겼다고 가정해 보자. 주택, 상가, 예금을 법정상속지분에 따라 나눈다면 예금 같은 금융자산은 금액으로 상속인 별로 나누는 것이 편리하지만 부동산의 경우는 공동지분으로 등기되어지면 추후 처분할 때나 명의자의 상황에 따라 대출을 받으려고 한다면 다른 공동명의자 전원 동의가 필요하기 때문에 복잡한 상황이 생길 수 있다.

어머니에게 재산을 모두 상속한다면 배우자공제로 최소 5억 원에서 최대 30억 원까지 공제를 받을 수 있겠지만 나중에 어머니가 사망할 경우 다시 상속을 해야 한다. 이때 다시 상속을 해야 할 시점에는 부동산의 가치가 상승하면 더 많은 상속세가 계산될 수 있다.

또한 배우자에게는 해당되지 않고 직계비속에게만 적용되는 상속공제도 있다. 이는 동거주택 상속공제이다. 피상속인과 상속개시일전 10년 동안(미성년자 기간 제외: 결론적으로 30년) 계속 동거하면서 1세대 1주택을 유지한 무주택 자녀에게 주택을 상속하는 경우 최대 6억 원까지 공제가 가능하다. 전에는 상속인 조건이 무주택인 경우만 가능하였는데 피상속인과 상속인이 공동지분을 소유하는 주택을 상속하는 경우에도 동거주택 상속공제가 가능하도록 개정되었고 2022년 이후에는 직계비속만 상속공제 적용 가능하던 것이 직계비속의 배우자도 허용(대습상속인 경우)하는 것으로 개정되었다.

[추가 절세 팁]

최종적으로 부모의 재산을 자녀에게 상속하는 것이 목적이라면 가치 상승이 발생하는 부동산은 자녀에게 상속하고 상속세 납부 재원이 (다른 상속인을 대신해서 납부하는 상속세는 증여세가 부과되지 않는다.) 되는 현금 예금등은 피상속인의 배우자에게 상속하는 것이 부모의 재산에 대한 전체적인 상속세를 본다면 유리하게 적용될 수 있다.

사례 4

상속인 사전증여는 10년 이내 합산, 비상속인은 5년 이내 합산

70대에 은퇴한 사업가 C 씨는 배우자와 출가한 자녀 2명과 손자 손녀가 있다. C 씨의 현재 재산은 부동산과 은행예금 등을 합쳐서 50억 원 정도이다.

C 씨는 주위 친구들과 상속에 관해 얘기하다 보니 자녀뿐만 아니라 손자, 손녀, 사위, 며느리에게도 미리 증여한다면 자녀에게 증여하는 것보다 유리하다는 얘기를 들었다.
상속인 외의 자에게 미리 증여하게 되면 왜 유리한지 의문이 생겼다.

상속세 과세가액 산정 시 상속개시일 전 10년 이내에 피상속인이 상속인에게 증여한 재산가액과 상속개시일 전 5년 이내에 상속인 외의 자에게 증여한 재산 가액은 상속재산가액에 가산하여 상속세 과세가액을 계산한다. (증여재산가액 가산 시 기납부한 증여세는 상속세에서 일정 부분 공제해 준다.)

이렇게 합산과세하는 이유는 상속세와 증여세는 공통적으로 누진세율을 적용받기 때문이다. 상속세는 피상속인 전체 재산에 대해 상속세가 부과되지만 증여세는 증여받는 사람 기준으로 증여세가 부과된다. 사망을 예상할 수 있는 경우 미리 증여를 하여 누진세율 부담을 회피할 수 있으므로 일정 기간 내 증여재산에 대해 합산하도록 규정되어 있다.

이러한 이유에서 상속인뿐만 아니라 상속인 외의 자에게도 미리 증여한다면 상속재산가액을 낮출 수 있으므로 상속세 절감 효과를 가져올 수 있다.

상속인 외의 자에 대한 증여는 5년 이내에 증여가액만 합산하기 때문에 상속인보다 기간적으로 유리한 점이 있으므로 상속인 외의 자에게 증여하는 방법도 활용하면 유리하다.

[추가 절세 팁]

10년 또는 5년 이내에 상속이 개시되는 경우에도 부동산 등 재산가액이 상승하는 자산은 합산 과세되더라도 증여 당시 현재의 재산가액으로 합산되기 때문에 상속세에서 유리하다. 그러므로 부동산 등 재산가액이 지속해서 상승할 것으로 예상하는 자산은 미리 증여하는 것이 유리하다.

상속세가 부과되지 않는 경우에도
상속세 신고를 고려해야 할까요?

90대 D 씨는 얼마 전에 사망하였다. 가족관계는 배우자와 자녀 2명이 생존해 있다. 피상속인 D 씨의 재산은 공시지가 기준 3억 원 상당의 지목이 임야인 토지(시세는 5억 원), 아파트 매매사례가액 4억 원, 금융재산 2억 원 상당액이 있다.

상속인들은 일반적으로 10억 원까지는 상속세가 없다고 하여 상속세를 신고하지 않고 상속재산 분할등기만을 하려고 했으나 상속재산이 10억 원 이하인 경우에도 상속세 신고를 하는 것이 좋다고 들었다.

이 경우 각종 신고 비용 등 수수료가 발생됨에도 불구하고 상속세 신고를 하는 것이 나은지 의문이 생겼다.

일반적으로 상속재산가액에서 차감하는 상속공제액은 배우자와 자녀가 있는 경우 10억 원(배우자공제 5억 원+일괄공제 5억 원)이 공제되고, 배우자가 없는 경우 일괄공제 5억 원이 공제된다.

상속세 신고 시 상속재산은 원칙적으로 시가평가를 한다. 시가는 일반적으로 감정가액, 유사재산의 매매사례가액 등을 말하며, 시가가 없는 경우 보충적 평가방법으로서 기준시가 가액으로 평가한다.

토지의 경우 시가인 유사재산의 매매사례가액을 적용하기가 어려워서 대부분 토지 개별공시지가 가액으로 평가를 한다. 아파트의 경우 비슷한 평형과 구조를 갖추고 있어서 시가인 매매사례가액을 적용한다.

사례의 경우 3억 원(토지 공시지가)+4억 원(아파트 매매사례가액)+2억 원(금융재산)= 9억 원 즉, 상속재산가액이 9억 원이고 상속공제액이 10억 원이므로 상속세 신고 여부와 상관없이 상속세가 발생되지 않는다.

이 경우 토지의 취득금액이 3억 원이 되므로 추후 상속인이 토지 양도 시 취득금액과 시세 5억 원 간 차이가 커서 양도소득세 부담이 높아진다.

하지만 상속세 신고 시 시세 상당액인 5억 원으로 감정평가를 받는다면 토지 양도 시 취득금액은 5억 원이 된다. 이렇게 되면 5억 원(토지 감정가액)+4억 원(아파트 매매사례가액)+2억 원(금융재산)= 11억 원이 된다.

상속재산가액이 11억 원에서 상속공제액 10억 원, 감정평가수수료 (5백만 원 한도), 장례 비용(1천만 원 한도), 금융재산공제(2억 원 의 20%인 4천만 원)를 차감한 상속세 과세표준이 약 5천만 원이 된다. 이 경우 상속세는 5백만 원 이하가 된다.

감정평가를 받은 후 상속세를 신고하는 경우 발생하는 각종 수수료 와 상속세는 추후 감정평가를 받지 않은 부동산 양도 시 발생하는 양 도소득세보다 대부분 적을 가능성이 크다.

따라서 상속재산이 상속공제액보다 적어 상속세 신고를 하지 않는 경우에도 여러 가지 사정을 고려하여 상속세 신고 여부를 결정하는 것 이 필요하다.

[추가 절세 팁]

상속세 신고 시 재산평가는 원칙적으로 시가로 평가한다. 시가는 불 특정 다수인 사이에 자유롭게 거래가 이루어지는 경우에 통상적으로 성립된다고 인정되는 가액을 말한다. 상속 증여의 경우 해당 재산 자 체는 거래가 어렵기에 감정평가를 통해서 시가를 평가할 수 있다. 감 정평가를 통해 적절한 금액을 평가금액으로 이용하면 상속세 및 증여 세를 절세할 수 있으며 추후 양도를 대비한 양도소득세도 절세할 수 있다.

다만 평가금액이 높은 경우 추후 양도소득세는 절세되는 반면 상속 세 및 증여세가 높게 부과되고, 평가금액이 낮은 경우 상속세 및 증여세가 절세되는 반면 추후 양도소득세가 높게 부과된다.

따라서 여러 사정을 종합적으로 검토 후에 적절한 가액으로 감정평
가를 받는 것이 좋다.

생명보험금 수령 시 상속재산에 포함해서 신고해야 하나요?

90대 E 씨는 얼마 전에 사망하였다. 가족관계는 배우자가 1년 전에 돌아가셨고 60대 자녀 2명이 생존해 있다. 피상속인 E 씨의 재산은 시세 4억 원의 아파트와 금융재산 1억 원, 생명보험(사망 시 사망보험금 3억 원 수익자는 상속인으로 지정)이 있다.

이러한 경우 자녀는 상속세 신고 시 상속재산에 아파트와 금융재산만 합산하는지 아니면 사망보험금도 합산해서 신고해야 하는지 의문이 생겼다.

상속세 과세대상이 되는 상속재산은 피상속인에게 귀속되는 모든 재산을 말하며 다음 각 목의 물건과 권리를 포함한다.

1. 금전적으로 환산할 수 있는 경제적 가치가 있는 물건

2. 재산적 가치가 있는 법률상 또는 사실상의 모든 권리

다만, 피상속인의 일신에 전속하는 것으로서 피상속인의 사망으로 인하여 소멸되는 것을 제외한다.

민법상 피보험자의 사망으로 받는 보험금은 수익자의 고유 권리에 의해 취득한 고유재산으로 보고 있다. 이러한 이유로 상속인의 고유재산으로 보아 상속재산에 포함하지 않는다고 생각할 수도 있다.

하지만 생명보험금도 실질적으로 재산적 가치가 있는 금융자산의 성격을 지니고 있으므로 실질과세 원칙을 실현하기 위해서 상증세법상 피상속인의 사망으로 인하여 받는 생명보험 또는 손해보험의 보험금으로서 피상속인이 보험계약자인 보험계약에 의하여 받는 것은 상속재산으로 본다고 규정되어 있다.

따라서 사례의 경우 4억 원(아파트)+1억 원(금융재산)+3억 원(생명보험)= 8억 원을 상속세 과세대상 재산으로 신고를 해야 한다.

[추가 절세 팁]

상증세법상 상속재산으로 보는 재산에 퇴직금 등도 있다. 피상속인에게 지급될 퇴직금, 퇴직수당, 공로금 등 이와 유사한 것이 피상속인의 사망으로 인하여 지급되는 경우 그 금액은 상속재산으로 본다. 이에 해당하는 경우 상속세 신고 시 상속재산가액에 포함하여 신고하여야 한다.

보험금, 퇴직금 등을 빠뜨려 상속세 신고를 하는 경우 추후 상속세 및 가산세의 부담이 있으므로 상속세 신고 시 관련 재산을 정확히 파악하여 신고하는 것이 중요하다.

상속세 납부 시 물납은 어떻게 해야 하나요?

　F 씨는 5개월 전 사망한 아버지의 상속세 신고 및 납부에 대해 고민을 하고 있다. 아버지의 상속재산은 대부분 부동산과 상장주식으로 상속세 납부에 어려움을 겪고 있다. 이 경우 상속세 납부금액을 현금이 아닌 부동산과 상장주식으로 납부할 수 있는지 의문이 생겼다.

　아버지의 총 상속재산은 상가 빌딩 17억 원, 임야인 토지 2억 원, 상장주식 1억 원, 총 20억 원이다. 배우자공제는 적용 불가능하다.

　이 경우 상속세를 계산해 보자.

총 재산가액: 20억 원

장례 비용: 1천만 원(장례 비용은 1천만 원 한도)

상속세 과세가액: 19억 9천만 원

상속세공제액: 5억 2천만 원(일괄공제 5억+금융재산공제 2천만 원)

상속세 과세표준: 14억 7천만 원

산출세액: 428,000,000원

신고세액공제: 12,840,000원(산출세액의 3%)

납부할세액: 415,160,000원

물납은 아래의 3가지 요건을 충족하는 경우에 한하여 관할세무서장에게 신청한 후 허가를 받을 수 있다.

1. 상속재산 중 부동산과 유가증권의 가액이 해당 상속재산가액의 1/2을 초과할 것
2. 상속세 납부세액이 2천만 원을 초과할 것
3. 상속세 납부세액이 상속재산가액 중 금융재산의 가액을 초과할 것

물납의 한도는 다음 중 적은 금액을 한도로 한다.

1. 상속세 납부세액×(부동산+유가증권의 가액)/상속재산가액
2. 상속세납부세액-순금융재산가액-상장유가증권가액

물납에 충당하는 재산은 다음에 순서에 따라 물납해야 한다.

1. 국채 및 공채
2. 유가증권으로서 거래소에 상장된 것
3. 국내에 소재하는 부동산
4. 1, 2, 5를 제외한 유가증권
5. 거래소에 상장되어 있지 아니한 법인의 주식 등
6. 상속개시일 현재 상속인이 거주하는 주택 및 그 부수 토지

사례의 경우 물납의 한도를 계산해 보자.

1. 415,160,000×(19억+1억)/20억= 415,160,000원
2. 415,160,000-0-1억= 315,160,000원

물납의 한도는 315,160,000원이므로 물납 순서에 따라 상장주식 1억 원 다음으로 임야인 토지 2억 원을 물납할 수 있다. 나머지 금액인 15,160,000원은 상속인이 보유한 현금으로 납부하면 된다. 이렇게 물납을 하게 된다면 공시지가는 높지만 거래가 잘 이루어지지 않아 시세가 공시지가보다도 낮은 임야를 물납함으로써 상속세를 절세할 수 있다.

다만 부동산의 경우 다음에 해당하면 물납 재산의 관리처분이 부적당하다고 인정되어 물납을 허가하지 않을 수 있다.

1. 지상권, 지역권, 전세권, 저당권 등 재산권이 설정된 경우

2. 물납신청한 토지와 그 지상 건물의 소유자가 다른 경우

3. 토지의 일부에 묘지가 있는 경우

4. 건축 허가를 받지 아니하고 건축된 건축물 및 그 부수 토지

5. 소유권이 공유로 되어 있는 재산

[추가 절세 팁]

물납의 경우 공시지가는 높지만 실제 시세는 공시지가보다 낮고 매매가 힘든 부동산을 물납하는 경우 절세 효과를 크게 볼 수 있다. 상속재산 중 이러한 재산이 있다면 물납을 적극적으로 검토하는 것이 필요하다.

사례 8

사전증여와 보험 가입을 통한
상속세 재원 준비 계획

60대 H 씨(배우자는 없고, 결혼한 자녀가 있다.)는 상가 건물(평가액 20억/보증금 5억)과 임대용 공장 건물(30억/보증금 15억) 그리고 본인 거주 주택(5억/대출 없음)을 가지고 있다. 얼마 전 동갑인 친구가 세상을 떠나게 되면서 그 친구의 남겨진 가족들이 상속세를 마련하여 납부하느라 고생했다는 이야기를 듣게 되었고, 그간 생각하지 않았던 상속세에 대해 관심을 가지게 되었다.

그래서 임대 신고를 관리해 주던 세무사에게 의뢰해서 대략적인 상속세를 따져 보니 지금 상속이 일어난다면 상속세가 대략 10억 원이 예상된다는 이야기를 듣고 근심에 빠졌다.

[상속세 계산]

상속세 재산가액: 55억 원(상가 20억 원, 공장 건물 30억 원, 주택 5억 원)

채무: 20억 원(상가 보증금 5억 원, 공장건물 보증금 15억 원)

상속세 과세가액: 35억 원

상속공제액: 5억 원

상속세 과세표준: 35억 원-5억 원= 30억 원

산출세액: 30억 원×40%-1.6억 원= 1,040,000,000원

신고세액공제: 산출세액×3%= 31,200,000원

총납부예상금액= 1,008,800,000원

또한 세금은 상속개시일로부터 6개월 이내에 납부해야 하고, 납부하지 못하면 부동산을 처분해야 하거나 공매에 들어가는 상황이 발생한다고 하니 어찌해야 되나 고민을 하고 있다.

위와 같은 상황에서 상속세를 절세하기 위해 준비할 수 있는 방법은 어떤 것이 있을까? 국세청에서 발간하는 세금절약가이드 책자에도 상속세 납세자금 마련을 위해 사전에 세금계획을 세우고 10년 이상 장시간에 걸쳐 준비하라고 안내하고 있다.

따라서 다음과 방안들을 각자의 상황에 맞도록 적절히 활용하여 상속세를 줄이려는 노력이 필요하다.

(1) 사전증여

상속세 신고 시 상속개시일로부터 10년 이내의 사전증여재산은 상속재산가액에 포함하여 상속세를 계산한다. 따라서 보유하고 있는 상가나 공장건물을 자녀에게 증여하고 10년이 지나게 되면 상속 시 상속재산에서 포함되지 않기 때문에 상속재산가액을 줄임으로써 상속세를 절세할 수 있다. 물론 무조건 사전증여가 절세가 되는 것은 아닐 수 있다. 상속세의 대상이 되는 재산의 종류나 가액에 따라 사전증여를 하는 것이 오히려 전체적인 세금 부담을 증가시킬 수도 있으니 반드시 사전에 전문가와 상의를 통해 예상 세액을 검토하고 장기간의 걸친 절세 전략을 수립해야 한다.

(2) 보험상품 가입을 통한 상속재원 마련

상속세 납부는 기본적으로 현금으로 납부해야 하는데 상속 시에 급하게 자금을 마련하기란 어려울 수 있다. 또한 상속세 납부 목적으로 따로 자금을 준비하기란 말처럼 쉬운 일이 아니다. 이에 대한 대안 중 하나로 보험 상품 가입을 통해 상속세 재원을 마련하는 방안이 있다.

만약 자녀가 경제적인 여유가 된다면 계약자와 수익자를 자녀로 하고 피보험자를 부모로 설정한 보험계약을 체결한다. 이후 부모의 사망으로 받게 된 보험금을 상속세 납부재원으로 사용한다면 상속세 납부에 대한 부담을 줄일 수 있다. 이때 계약자인 자녀의 보험금을 부모가 대납한다면 이는 또 다른 증여세 문제를 발생시킬 수 있기 때문에 매우 주의해야 한다. 즉, 자녀가 실질적으로 자신의 소득으로 보험료를 납입했는지 여부에 따라 상속세나 증여세 과세대상이 될 수도 있기 때문에 보험상품 계약자인 자녀의 보험료 납입에 대한 소득 출처와 금융 거래내역 등을 준비해 두어야 한다.

(3) 연부연납

상속세 신고 시 납부해야 할 세액이 2천만 원을 초과하는 경우에는 납세담보를 제공하고 국세청에 연부연납을 신청할 수 있다. 일반적으로 허가받은 날로부터 10년간 분납할 수 있다. 다만, 연부연납은 무이자는 아니고 연 1.2%(2021년 3월 16일 이후)의 가산금 이자를 추가로 부담해야만 한다. 가산금 이자율은 변동되기 때문에 신청 시 가산금 이자율을 검토하여 결정하여야 한다.

세무사들이 들려주는
상속 증여
절세 비책

ⓒ 세무법인 우진, 2023

초판 1쇄 발행 2023년 4월 3일

지은이   성민석 · 소충수 · 지한봄 · 김은경 · 박혜민 · 진덕수
펴낸이   이기봉
편집   좋은땅 편집팀
펴낸곳   도서출판 좋은땅
주소   서울특별시 마포구 양화로12길 26 지월드빌딩 (서교동 395-7)
전화   02)374-8616~7
팩스   02)374-8614
이메일   gworldbook@naver.com
홈페이지 www.g-world.co.kr

ISBN   979-11-388-1780-6 (03360)